JN287880

経営入門

石山伍夫 編著

税務経理協会

はしがき

　産業革命以降急速に拡大化してきた企業経営は多くの富を創り出し，人々の豊かな生活を支える経済，社会の実現に主導的な役割を果たしてきた。19世紀初頭，F. W. テイラーや H. ファヨールなどによって創始された経営学は社会科学の一分野として経済社会の発展と共に進歩し，多様な経営理論が展開され，ジャングルと呼ばれる様相さえ呈した。一般理論というよりも，状況（環境）依存的性格の強い経営理論は環境の著しいかつ急速な変化に振り回される傾向もあるが，これは社会科学としての宿命であり，理論の発展過程と理解すべきであろう。

　環境変化と一口でいっても，20世紀前半までは，経営問題は規模の拡大，国際化に伴う市場領域の延長線上で説明されてきたが，20世紀後半には産業発展の負の影響が市場外環境に作用し，企業経営は社会，政治，倫理，自然など，多様な環境変化も内部化しなければ存続，発展できない状況になっている。このため，経営理論も収益性や生産性を中心とする経済的視点ばかりでなく，企業の社会責任や環境保全，企業倫理，コーポレート・ガバナンス（企業の内部統制）など多様な視点から考える必要が生まれている。21世紀には，この傾向はますます強まり，市場外環境の変化に基づく諸問題の経営内部化はいっそう進展すると思われる。

　このような変化を念頭に置きながら，経営学の初心者の理解を容易にするため，本書は以下の方針に基づいて執筆された。

　① 経営管理過程の基礎知識を解説する。
　② 多様な経営問題のうち，一般的関心の高い課題を選択した。
　③ 企業経営の広範な課題を扱うことよりも領域を絞って取り上げた。
　④ すでに定着した理論の平易な解説に努め，できるだけ独自の主張は避け

た。

　コーポレート・ガバナンスは今日最も関心の高い課題であり，多くの参考書，文献が公刊されているが，欧米ガバナンスの解説が多い。本書では，日本企業の進出や留学生の多い中国や韓国のガバナンス問題を解説し，日本のガバナンス問題と比較できるように心掛けた。NPOには検討すべき課題は多いが，その研究はまだ始まったばかりであり，今後の重要な研究分野になると思われる。

　本書の刊行に当たり，経営行動研学会菊池敏夫会長には多くの有益なアドバイスを頂き，心からお礼申し上げます。また，経営行動研究所には本書出版に関わる煩瑣な仕事を一手にお引き受け頂いた。税務経理協会峯村英治氏には執筆者多数のため多大なご迷惑をお掛けしたにもかかわらず，労苦をいとうことなく，熱心に出版を促進していただいた。菊池敏夫先生，経営行動研究所，峯村英治氏，3方のご支援あって初めて本書の出版が可能となった。心から感謝申し上げます。

平成18年5月

編　著　者

目　次

はしがき

第1章　経営理論の発展

- Ⅰ　経営理論の二つのアプローチ ……………………………… 3
- Ⅱ　経営管理論の流れ …………………………………………… 6

第2章　経営計画と経営戦略

- Ⅰ　経営計画 ………………………………………………………13
- Ⅱ　意思決定 ………………………………………………………18
- Ⅲ　経営戦略 ………………………………………………………22
- Ⅳ　戦略決定の基礎 ………………………………………………28
- Ⅴ　企業革新戦略論 ………………………………………………34

第3章　組織構造

- Ⅰ　組織の仕組み …………………………………………………39
- Ⅱ　部門化 …………………………………………………………41

Ⅲ	責任と権限 …………………………………………43
Ⅳ	権限の源泉 …………………………………………45
Ⅴ	権限の委譲 …………………………………………48
Ⅵ	組 織 形 態 …………………………………………49
Ⅶ	集権的組織と分権的組織 …………………………53
Ⅷ	事業部制組織・社内カンパニー制組織 …………56

第4章 リーダーシップ，モチベーション，コントロール

Ⅰ	リーダーシップ ……………………………………63
Ⅱ	モチベーション ……………………………………70
Ⅲ	コントロール ………………………………………76

第5章 企業成長戦略としてのM&A（合併・買収）

Ⅰ	問題の所在 …………………………………………81
Ⅱ	M&Aの基本的概念 ………………………………82
Ⅲ	日本におけるM&A ………………………………86

第6章 企業の情報化

| Ⅰ | 企業における情報技術利用 ………………………92 |
| Ⅱ | 企業における情報技術利用の歩み ………………95 |

　　　　　　　　　　　　　　　　　　　　　目　次

　Ⅲ　情報化投資の理由 …………………………………… 101
　Ⅳ　企業の境界におけるコミュニケーション ………… 102
　Ⅴ　企業グループ内外のコミュニケーション：
　　　海外事業を例にして ………………………………… 105
　Ⅵ　ま と め ……………………………………………… 106

第7章　コーポレート・ガバナンス

　Ⅰ　日本のコーポレート・ガバナンス ………………… 111
　Ⅱ　韓国のコーポレート・ガバナンス ………………… 120
　Ⅲ　中国国有企業のコーポレート・ガバナンス ……… 128
　Ⅳ　中国上場企業における企業統治システム ………… 135

第8章　ベンチャー企業論

　Ⅰ　はじめに ……………………………………………… 143
　Ⅱ　起業家とアントレプレナーシップ ………………… 144
　Ⅲ　起業家の特性 ………………………………………… 147
　Ⅳ　起業のプロセス ……………………………………… 150
　Ⅴ　ベンチャー企業の成長のプロセス ………………… 154
　Ⅵ　おわりに ……………………………………………… 156

第9章 環境管理理念の系譜

- I 環境管理理念と国際世論の形成 …………………… 160
- II 環境管理理念の確立 …………………………………… 163
- III わが国環境管理の制度的推移 ……………………… 168
- IV 産業界における環境管理の発展 …………………… 169
- V 環境管理理念の発展 ………………………………… 172

第10章 非営利組織（NPO）の経営

- I NPOとは何か ………………………………………… 177
- II NPOの活動内容 ……………………………………… 178
- III 資金調達 ……………………………………………… 179
- IV 特定非営利活動促進法によるNPO法人 ………… 182
- V NPO法人に関するデータ …………………………… 186

索　引 …………………………………………………………… 191

経営入門

石山 伍夫 編著

發營人門

著………天武山正

第1章 経営理論の発展

　経営理論は産業革命以降の工場制工業や大量生産方式の発展，市場の拡大などによる経営規模の拡大と複雑化に伴って生成し，20世紀初頭から急速に発展してきた。特に20世紀の後半には，産業規模の巨大化，競争の激化，急速な技術革新，国際化，価値観の変化，自然環境保全など多様な諸問題に直面し，経営問題は経済的視点ばかりではなく，社会，政治，倫理，自然環境など多面的な視点から考察されるようになり，経営理論は複雑化し，多くの学派，分派を生成しながら発展している。

I 経営理論の二つのアプローチ

　経営理論は経営目標を達成するため環境適応を図りながら効率性に基づいて，組織活動の合理的，合目的な遂行を確保することであるが，経営理論の理論的アプローチは経営管理過程論と組織理論に大別される。

1　経営管理過程論

　管理過程論の代表的研究者H.クーンツ＝H.ウエイリッチは，批判の多い「管理の課題は人々に物事をなさしめること」という定義を改め，人々が集団の中で協働して効率的に集団目標を実現できるような環境を形成し，維持する

過程であるとした[1]。この定義によれば経営管理とは，協働体系をもつ組織体を対象に，組織目的を実現する効率的な組織活動を確保する環境を形成し，維持するという機能的概念である。元来，管理機能は多くのリスクを負担して複雑な活動を展開する営利企業において最も顕著に具現するため，これまで経済的組織特に営利企業を中心に発展してきたが，非経済的組織においても適用される機能である。

　管理機能を有効に遂行するには，管理機能の分析や実践的手段の確立が必要である。経営学の始祖であるH.ファヨールは経営職能の一つとして管理を計画，組織，指揮，調整，統制であると定義した[2]。この定義は，計画から統制までの管理活動の過程であるため，管理過程と呼ばれ，管理過程は統制の結果を次の計画に組み込んで継続的に遂行されるため，永続的な循環過程を形成する。管理過程の構成要素は論者によって異なり，H.クーンツ＝C.オドンネルは計画，組織，人員配置，指揮，コントロール，W. H.ニューマンは計画，組織，調達，監督，統制，L. A.アレンは計画，組織，指揮，統制としている。どの定義でも，計画，組織，統制を要素に含め管理の基本的要素としている。管理機能は，もともと製造，販売，購買など執行職能に不可分の職能として実施されていたが，組織の拡大に従って管理と執行との機能分化が生じ，管理階層が形成されて管理者職能が生成した。管理階層はトップ・マネジメント，ミドル・マネジメント，ロワー・マネジメントの三階層に分化して管理機能を遂行する。また専門化の原則によって職能分化が行われ，職能の特性に応じた管理も生成し，生産管理，販売管理，購買管理など職能固有の管理が発展している。経営管理は，組織構造によって活動の大枠を規定し，管理活動（過程）によって動態的な経営諸活動を経営目的実現に方向づける機能をもつ。管理過程学派は，管理機能の効果的な遂行に必要な準拠すべき指針を管理原則として数多く提唱しており，そのうち命令一元化の原則，管理の幅の原則，専門化の原則，階層化の原則，権限委譲の原則，責任権限均衡の原則などがよく知られている。管理原則は，管理の実践過程で得た経験や知識に基づいた経験則であり，個別的羅列的であるうえに科学的な基準として曖昧であるため，その適用

は状況により異なり，経験に基づく熟練した判断を必要とする。その上，経営管理過程論は各管理要素や管理原則の個別的研究の性格をもち，統一理論を欠いているが，管理の実践手段を提示して，管理の実践や管理論の研究に多大な貢献をしている。

2　組　織　理　論

　組織理論は，C. I. バーナードによって提唱され，H. A. サイモンや J. A. マーチに引き継がれ発展した。組織理論では，経営者の機能は組織の形成と維持であるという視点から全く新しい経営理論を展開した。バーナードは，人間は何らかの目的をもって行動するが，目的達成努力が個人の能力を超えるとき，組織が生ずるとして，組織を2人以上の人々の意識的に調整された活動と諸力の体系（システム）であると定義し[3]，組織を活動や影響力による相互作用の公式システムであり，この組織を中核に協働体系が形成される。協働体系は一つの明確な目的のために2人以上の人々が協働することによって，特殊な体系的関係にある物的・生物的・社会的構成要素の複合体であるとして，協働体系は諸活動のシステム（組織），物的システム（機能設備，原材料など），生物人的システム（個人の集団），社会的システム（交換システム）などの下位システムから構成される上位システムであるとする[4]。したがって，経営体・生産体の本質は組織であり，組織自体が一つのシステムであるが，それはより大きなシステムの部分システムであると位置づけられ，①コミュニケーション，②協働意欲，③共通の目的を不可欠の条件として形成される。この組織を維持するには，組織は人的システムから貢献を引き出し，貢献と物的システムとの結合によって効用（価値）を造り，その効用（価値）を社会的システムを通して社会（市場）に提供し，価値を実現し，実現した価値を原資として，貢献と等しいか，またはそれを超える誘因（報酬）を人的システムに支払わねばならない。したがって，組織を維持する条件は

① 　貢献≦誘因……………能率………内部均衡
② 　誘因≦実現価値………効率………外部均衡

の二つである。

①の条件が成立するとき，これを能率（efficient）といい，内部均衡という。内部均衡状態では，個人人格としての欲求が満たされる状態であり，個人が組織に参加する条件を満たし，組織は存続する。しかし，内部均衡（能率）が崩れるときには，個人は欲求を満たすことができず，組織から退くので，組織は崩壊する。しかし，組織が貢献よりも大きい誘因を支払うには②の条件である誘因よりも大きい原資（実現価値）が必要である。②の条件が成立するとき，効率（effective）といい，外部均衡という。外部均衡のとき，組織目標が実現される。したがって，①の条件は②の条件の成立を前提とする。バーナード＝サイモンは，内部均衡と外部均衡の成立が組織維持の基本的条件であるとする組織均衡論を提唱し，組織理論の中核概念に位置づけた[5]。このため，組織理論では経営者の役割は組織の形成と維持機能であり，この機能の遂行が管理活動となる。したがって，管理は組織構造の形成と組織過程（管理過程）により，組織活動を組織均衡の確保に向けて指導することである。

II 経営管理論の流れ

経営学ないし経営管理論は，経済，社会の発展と共に変化している。そこで，経営管理の考え方が歴史の推移に伴って，どのように変化してきたかを知れば，管理論をよりいっそう理解できるため，管理論発展の大略を概括してみよう。

1 古典的管理論

古典的管理論は，古典的経営理論とも呼ばれ，F. W. テーラーの科学的管理法，H. ファヨールの管理過程論など1900年代初頭までに提唱された経営理論である。

テーラーでは，従業員の組織的怠業の原因は，経営者による標準作業量（課業）の恣意的な決定や変更にあるとして，科学的管理法を構築した。科学的管

理法では，標準作業量を時間研究，動作研究から成る作業研究という工学的な方法により科学的に決定し，その標準作業量を能率的に達成させるための管理制度である。テーラーは，課業の科学的決定により労資双方の標準に対する恣意的な判断を排除すると共に，課業の管理を差別的出来高払賃金制度の導入により組織的怠業や労資紛争を解決できると考えた。しかし，時間研究において熟練労働者の所要時間を標準としたため，課業は厳しいものとなり労働強化として労資紛争を激化した側面をもつが，反面，標準作業量の決定には作業手順や作業条件，使用する機械道具などの標準化も必要となった。したがって，科学的管理法を継続的に実施するには，作業標準に関する調査，分析などの業務が発生し，この業務を担当する計画課の設置が必要となった。これは，ライン部門に対するスタッフ部門の設置である。また，課業の能率的な達成を監督するため，職能別（仕事的）管理組織の導入が提唱された。したがって，テーラーの科学的管理法は標準作業量の決定に止まらず，工程管理・設備管理や組織構造まで及ぶ工場全般の管理へと発展する示唆を与えた。

ファヨールは，前経営者の乱脈経営による経営危機に直面した企業を引き継ぎ，企業の建て直しを図る手段として管理問題に着目した。それまで，管理職能はライン職能に付随し，経験や勘に頼る成行き管理として実施されていた。そこでファヨールは，管理職能をライン職能から分化させ，経営職能の一つとして位置づけ，管理を計画，組織，指揮，調整，統制の五つの要素から構成される過程として，管理の重要性を主張した。管理過程は管理業務の手順に基づく定義であり，管理業務の内容を包括的であるが，明確に規定し管理として行うべき業務を明らかにした。さらに，ファヨールは，管理業務を適切に行うためには準拠すべき原則が必要であるとして，14の管理原則を指摘した[6]。この管理原則は個別的，羅列的であるが，組織編成の原則とモチベーションの原則に大別される。ファヨールは，経営活動を効率的に実施するには合理的な組織の編成とその組織で活動する従業員の勤労意欲の向上が不可欠であることを示唆したと考えられる。これ以後，管理原則の研究が管理過程学派の主要課題となり数多くの原則を開発してきた。

古典的管理論では，恣意的決定の排除と能率性の向上を追求するため，M. ウェーバーの官僚制組織の原則を踏襲し，組織は構造化，公式化の高い機構や業務として形成され，個人的判断を防止して機械のように正確に能率よく動く機械的システムとして構築され，環境との相互作用による影響を考慮に入れないクローズドシステムであった。そこでは，組織成員は機械の一部であり道具と見做される機械的人間モデル，せいぜい経済的合理性を追求する経済人モデルを仮説として展開された。

　このため，古典的管理論は今日多くの批判に直面したが，経済，社会の発展段階の制約を受けながら，当時の社会的要請に適合して展開され，その後の経営理論の発展に大きな影響を与えた功績は計りしれないものがある。

2　人間関係論

　人間関係論は，ハーバード大学のE. メイヨーやF. S. レスリスバーガーなどが実施したウエスタンエレクトリックのホーソン工場における実験から得た結論として提唱された主張である[7]。ホーソン実験は，1924〜1932年にかけて行われた照明実験，リレー組立実験，面接調査，バンク配線実験など一連の実験として行われた。この実験は作業条件と生産性との関連についての調査であった。最初作業条件は照明度であったが，照明度と作業能率との関係は不明であったため，その後実験では賃金，休憩時間，労働時間などの多様な作業条件を設定し，この作業条件を操作（改善，改悪）して，作業能率がどのように変化するか調査したが，調査後半には参加者の心理的側面を重視するようになった。その結果，

① 作業条件の操作にもかかわらず，作業能率が一貫して高上したグループもあれば，作業の能率が一貫して低迷しているグループもあり作業条件は作業能率に影響をもたないことが判明した。

② 実験参加者の間に非公式組織が形成されていた。

③ 非公式組織には独自の行動規範が形成され，参加者は非公式組織の行動規範に従う傾向がある。

第1章　経営理論の発展

④　参加者の非合理的な感情が作業能率に大きく影響していた。
⑤　管理者のリーダーシップが作業能率に大きく影響していた。
⑥　参加者間の人間関係の状況が作業能率に大きく影響していた。

などの実態が明らかになり，作業条件の変更とは関係なく作業能率が向上したグループでは，参加者は職場外でも交際し，参加者間の人間関係も良好であり，公式組織の行動規範に友好的で，管理者の管理行動も参加者と相談のうえ決定する民主的なリーダーシップで行われていた。一方，作業条件が改善しているにもかかわらず作業能率が低迷しているグループでは，公式組織の行動規範に反抗的で，感情的な不満が多く参加者間の人間関係も悪く，管理者は作業条件を一方的に決定する専制的リーダーシップを採用していた。

　この結果から，作業条件が生産性を規定するという初期経営理論の仮説とは異なり，生産性はモラール（勤労意欲）という情感を通して変化するため，生産性向上には作業条件よりもモラールの操作が必要であると結論づけた。ホーソン実験により，グループ内人間関係がモラールを変化させ，生産性に影響を与えることを実証したことから，人間関係論の名称が生まれた。

　生産性の向上は，作業条件によって実現されるとした古典的管理論とは異なり，人間関係論は非論理的な情感の重要性を指摘し，機械的人間，経済的人間モデルから友好的な人間関係を求める社会人仮説へと人間観転換の契機となった。人間の情感は個人的状況と職場状況によって影響されるが，職場状況は管理可能であるから職場状況を改善することによって，従業員の情感が公式組織の規範に好意的になるような操作が必要となり，双方向のコミュニケーション施策，苦情処理，相談制度や提案制度，監督者教育，参加的リーダーシップスタイル，職場環境の美化などが導入された。人間関係論は非公式組織や社会的欲求を重視したこと，その後の実験でホーソン実験とは異なる結果を観察したこと，経済的欲求をはじめ，その他の人間欲求を軽視していることなど多くの批判を受けたが，生産性の向上には個人の動機が重要であることから，人間欲求の研究が促進され，組織（人間）行動論やモチベーション理論，人的資源論が発展する足掛かりとなった。

3　近代的管理論

　前述したように，バーナードは協働体系の中心に組織を位置づけ組織の形成と維持には，組織均衡が不可欠な条件とした。この組織論は，自律的な人間観を前提に個人的欲求の満足と組織目的達成とを統合した経営理論である。人間は個人的欲求を充足するため組織に参加するが，組織では個人的欲求は組織目的によって客観化され，組織の欲求である組織目的の実現に向けて組織人格として行動する。したがって，個人人格と組織人格の二つの性格をもつ個人が組織活動の中核に位置づけられ，業務による相互作用を持ちながら活動を展開する。そこでは，個人はどのような動機づけによって，組織規範に好意的となり組織一体化が可能となるかが大きな課題となる。この課題を解決するために，個人のモラールに影響を与える動機づけ，リーダーシップ，職務設計や権限のあり方が重要な鍵となり，組織行動論が展開されてきた。

　組織の中心にあるのは人間行動であるが，重要なのは，組織人格が行う行動である。組織行動は意思決定と行為に分解され，意思決定は行為に先立ち，行為を規定する。行動は組織の全局面で実施され，組織目的達成に貢献する。したがって，組織の本質は意思決定の体系であり，活動が組織目的に向かって合理的・合目的に実施されるためには，合理的な意思決定の存在が前提となる。このため，合理的な意思決定を確保するための意思決定の理論が発展してきた。

　バーナードは組織の成立条件の一つにコミュニケーションをあげている。経営活動は組織成員の相互作用として行われるが，その相互作用の方向は情報によって規定される。換言すれば，すべての意思決定は情報の伝達に基づいて行われる。したがって，組織における合理的な意思決定や相互作用を確保するには，合理的な情報伝達の仕組みの形成を必要とすることから，情報システム論が発展してきた。

　バーナードの提唱した組織論は，広く深い多様な概念を含み，そこから各種の理論が発展して経営理論の構築に貢献している。サイモンによって批判された管理過程論も，統一理論を欠きながらも包括的な管理概念から意思決定論や

組織行動論の成果をとり入れて発展している。それぞれの経営理論は，それ自体自己完結的な理論体系を有しているため，それらの経営理論を統合した統一的経営理論の構築は難しく，まだ先のことと思われる。

注

1) Weihrich, H. and Koontz, H., *Management*, Mcgraw-Hill. Inc. Tenth Edition, p. 4.
2) H. ファヨール，佐々木恒男訳『産業ならびに一般の管理』未来社，41～47ページ，1972年。
3) Barnard, C. I., *The Functions of the Executive*, Harvard University Press, pp. 72-73, 1938.（山本安次郎，田杉 競，飯野春樹訳『経営者の役割』ダイヤモンド社，75～76ページ，1969年。）
4) Barnard, C. I., *op. cit.*, p. 65, 前掲訳書，67ページ。
5) March, J. G. and Simon, H. A., *Organizations*, Chap. 4, John Wiley & Sons, 1958.（土屋守章訳『オーガニゼーションズ』ダイヤモンド社，128～135ページ，1977年。）
6) H. ファヨール，前掲書，20～21ページ。
7) E. メイヨー，村本英一訳『産業文明における人間問題』日本能率協会，1967年。

（石山　伍夫）

第2章 経営計画と経営戦略

　われわれが，仕事を効率的にしようとするならば，仕事に先立って目標を定め，目標達成のための活動とその進め方を決め，必要な物，道具，資金などを用意して始める。これが最も単純な計画である。

Ⅰ 経営計画

　経営計画とは，一般に経営活動を合理的，効率的に遂行するために活動の実施に先立って企業の将来進むべき方向や活動の行程を策定することといわれている。換言すれば計画は企業の基本方針，目的理念を実現するために，具体的な目標を設定し，目標の達成に必要な諸活動を策定し，諸活動の円滑な実施に必要な資源を確保し配分することである。計画はコントロール機能と共に経営管理機能の基本機能とされている。

1　計画の機能
　計画には次の四つの機能を有している。

（1）実施の準備機能
　計画は経営目的達成に必要な活動，その進め方，日程などの決定とそれらの

活動に必要な人，資金，物，情報など必要資源を予め調達し，配分し，実行を準備する機能である。新設企業でもない限り企業は必要活動と必要資源をもっているから，実際には活動の追加と削減，過小資源の調達と配分となる。どんな活動をどの時機に，どの程度行うか活動の種類，内容，量，時機が予定されなければ，合理的な資源の調達と配分は不可能となる。したがって，戦略的意思決定であっても，計画の中に組み込まれ，実行がプログラムに含まれない限り，それは単なる構想である。

(2) 環境適応機能

環境適応行動は日常業務の基盤となっている基本構造（製品，事業，技術，設備，組織構造，人材など）の変革を通じて行われる。環境の変化に適合した基本構造を形成するために戦略的意思決定が行われ，基本構造計画が策定されて，実行計画に組み込まれる。基本構造計画の実施は将来の経営基盤の構築であり将来の企業力の源泉を形成する。環境適応機能が計画に含められ，経営は長期的観点から当面の活動を展開できる。

(3) 調整機能

経営活動は分業によって実施されるから，多数の職能（仕事，業務）に分割される。各職能は固有の特性をもち，業務の進め方に大きな相異があるから，職能間に対立，混乱が生じやすい。この対立，混乱は業務の進行過程で発生するから進行過程でも調整が必要となるが，進行過程での調整は業務の効率的な進行を阻害するから，計画の中で全社的立場から業務の枠組みや進め方などについて職能間の調整を行い，進行過程での対立，混乱を削減しておく。

(4) 統制機能

計画は単なる活動の予定表ではなく，経営の「こうしたい」という意思が含められている。分化した諸活動が計画通りに実施されるならば，自ずから全社的に統合され，経営目標を達成できる。したがって，計画は諸活動の行動基準

であると共に，実績の評価基準である。しかし，実際の活動は計画通り進行しないことが多いから，計画からどのくらい離れているかを測定し是正処置を講じ計画に近づくように軌道修正される。計画のない統制は存在しないし，統制のない計画は無駄であり，計画と統制は管理活動の基本機能として継続的な管理過程（Plan-do-See）を形成する。

2　計画の構造

計画は前記機能を果たすために不可欠な要素として(1)目標，(2)活動の策定，(3)期間，(4)活動の統合を含まねばならない。

(1) 目標の設定

営利企業，非営利企業を問わず，あらゆる経営体は社会的使命，社会的貢献を果たすのでなければ，存在理由はないから，明文化されているか否かを問わず経営目的として経営理念，基本方針を設定している。これらは一般に，社是，社訓，創業の精神として掲げられているが，これらの経営目的は社会的使命や社会貢献など倫理的，道徳的な内容を含む包括的なものが多く，経営活動の具体的な目標とはなりにくい。したがって，経営理念や基本方針はその実現に必要な具体的な経営目標に変換される。経営活動は職能別，製品別その他に分化して実施されるから，全社的目標（経営目標）は組織構造にそって事業部，職能部門，課，班，個人と，それぞれの部門の特性に適した目標に転換，分割され設定される。したがって，経営目標は組織構造に従って，階層体系として形成される。上位目標ほど包括的，価値的であり，下位目標ほど業務の処理に適した技術的目標となる。目標の階層体系では，上位目標は下位部門の意思決定における決定前提なり，下位部門の活動を経営目標に方向づけ，コントロールする役割を果たす。下位目標は上位目標達成の手段的目標となるから，目標の階層体系は目的－手段の連鎖（体系）を形成し，全目標は全社的な目標に統合され，計画は統合機能をもつことになる。

現代企業は収益性目標，成長性目標，生産性目標，安全性目標，社会貢献目

標，環境保全目標，技術開発目標など多目的であるが，それらの目標は定性的，定量的に表現されるが，目標は獲得すべき対象であり，行動の業績基準でもあるから解釈の幅のある定性的表示よりも具体的な数量表示であることが望ましく，実際にも定性的目標の特性を示す代理項目に転換して示すことが多い。

(2) 経営活動の策定

経営活動は収益的業務活動，基本構造形成活動，対境関係形成活動と管理活動に区分される。ここで収益的活動は現有の基本構造（現有製品，技術，設備など）に基づき，収益獲得のために日々繰り返し実施される活動（営業，製造，購買など）である。基本構造形成活動は環境変化に適合し，将来の成長を図るために企業力を革新向上させる未来志向の活動（新製品開発，技術開発，新事業開発，戦略策定，企画など）をいう。対境関係形成活動は対株主，対一般市民，対政府，自治体など環境主体との良好な関係強化を目的とする活動（IR，広報，渉外など）である。管理活動は前記諸活動の効率的遂行を確保する活動である。収益的業務活動は経営活動の大半を占め，現在利益を確保して他の活動の資金源泉となる。他の三つの活動は現在および将来の収益的業務活動を支援するが，多くの活動はコストの発生源である。経営革新，環境適応が強調されているため，基本構造形成活動が重視され，収益的活動は軽視される傾向にあるが，最も重要な活動であり，これが失敗すれば経営は破綻する。

これらの四つの活動は過去から継続的に実施されている経常的業務部分と新規追加業務とに区分される。経常的活動はこれまでの活動状況の延長線上で策定されるため，利益計画が決定されれば計画策定は容易である。計画策定上の課題は基本構造形成業務の新規追加業務である。主要な新規追加業務（新事業の立ち上げ，新製品の投入，大規模新工場の建設，大型技術の開発，M&Aなど）は戦略的意思決定による結果として，計画に組み込まれ，業務の種類，内容，進め方，諸資源の割当，実施組織など実行計画に具体化される。この新規追加業務は長期的性格を有するため長期計画との整合性が重視される。

経営上の業務は収益関連業務とコスト関連業務に大別され、コスト関連業務は増加する傾向にあるが、その許容範囲は基本的には収益関連業務の収益力によって規定される。したがって、すべての計画は利益計画と資金計画によって調整される。利益計画はまず目標利益を設定し、予想売上高－目標利益＝許容費用とする管理である。利益は売上－費用＝利益として計算される経営活動の結果であるが、競争が激化した段階では、望ましい結果（目標利益）を確保するために可能売上高を予定し、費用を許容範囲内に抑制する。費用のうち、固定費（人件費や設備関連費）は限界利益（固定費＋利益）を構成し、操業度上昇により利益増加の源泉となり、大量生産の有利性の最も主要な原因であるが、下方硬直性のため操業度下落により最大の利益圧迫要因となる。変動費率（変動費／売上高）の大きさにもよるが、損益分岐点は固定費の増加額の2～3倍の悪化となる。いわゆるスタッフ部門の増加は固定費の増加をもたらすから変動費率の改善およびその他の固定費の削減の二つの合理化策と売上高増大が不可欠であり、これに失敗すれば企業の存続は不可能である。したがって、損益分岐分析を中心とした利益管理が不可欠であるが、利益計画の円滑な実施に必要な資金計画の裏づけが必要である。資金計画は運転資本計画、資本支出計画、資金繰り計画などの計画に分類される。資金計画は本来、収入、支出の量的、時間的一致の計画である。支払うときに支払う資金がなければ倒産であるから、特に短期的資金計画が重視される。しかし、その資金繰りを規定する要因は長期的な収益性と財政状態の健全性を示す資産流動性の確保である。

（3）期間計画

期間計画は実行計画としての短期計画と事業の将来展望を具体化した長期計画に分類される。短期計画は1年以内の期間を対象とした日常の経営活動を具体的に策定したもので、行動基準、評価基準となる。年度予算は典型的な短期計画であるが、資金繰り計画や在庫計画は1年の期間でも長すぎるため、3か月、1か月、1週間などの計画も策定される。長期計画は5年の期間が多い。期間が長くなるほど、不確実性が高まり予想ができないため、現時点である程

度予測可能な期間を対象に策定される。個別計画によっては10年，15年の期間をもつ計画もあるが，経営計画の中に具体的に組み込むには長すぎる。短期計画はその時々の状況変化によって修正されるので，短期計画のみでは経営が短期的な状況によって影響され，企業がどの方向に進んでいるかが不明となる。このため，長期計画は企業の長期的な方向を示す指針として短期計画を誘導する役割をもつ。

（4）計画の統合

計画は計画策定の基本方針に基づいて，事業別，職能部門別，プロジェクト別など，経営の必要性に応じて作成される。個々の計画は各業務固有の特性や必要性から，独自性が入るため，個別計画間の調整が行われ，全社的総合計画として形成される。全社的総合計画は最終的には会計数値によって表示される。すべての業務は資本の流れに投影されるため，資本の流れを描写し検討すれば，全体活動の状況が判明する。このため，利益計画，資金計画，および数量的な補足資料に基づき，見積貸借対照表，見積損益計算書，見積資金計算書，業務計画表などが作成され，これらの計画書に基づき収益性目標，流動性目標その他定性的，定量的目標の達成見通しを検討し確認する。

Ⅱ 意思決定

すべての活動は意思決定と行為から成り，意思決定は行為に先立って行われるから，意思決定が適切でなければ，行為が合理的であっても無意味である。このように意思決定は行為を規定するから，活動の体系は意思決定の体系とみることができる。このため，H. A. サイモンは組織活動を意思決定の体系とみなし，その理論を構築した[1]。

1 意思決定とは

サイモンによれば，意思決定は一定の目標を達成する複数の代替案の中から

一つの案を選択することであり，意思決定は①問題点の知覚，意思決定機会の探索，②複数の代替案の策定と結果の予測，③代替案の評価と選択から成る過程とされる。しかし，すべての活動が意思決定過程を経て決定されるわけではない。日常業務は日々繰り返されるため，経験学習，観察学習の結果として特定の刺激に対する適切な反応が理解されており「刺激－反応」型の行動パターンが可能となり，新たな意思決定過程を経なくても合理的な決定ができる。このため，日常業務では合理的な決定を予め標準化した手続きに従って実行すれば，新たな意思決定を行うことなく合理的な決定や行動が確保できる。しかし，重要性の大きい滅多に生起しない課題は合理的反応の仕方が不明であり，「躊躇－選択」の行動パターンが採用され，意思決定過程が必要となる。しかし，環境がめざましく変化する状況の中では，因果関係の不明，必要な情報の不足，不完全さ，結果からのフィードバック情報の不足，不確実な状況は高まるばかりであり，完全に合理的な決定は不可能である。したがって，現実には不確実性を削減するため仮説や決定前提により直面する状況を制限し，その中で，意思決定は，「満足化基準」と「限られた合理性」に基づいて逐次的決定として行われる。

　決定前提は決定の範囲を制限するため，意思決定の与件として与えられる条件であり，意思決定はこの枠組みの中で行われる。決定前提には経営の基本方針，目的，理念のように社会的使命を示す倫理的道徳的な内容をもつ価値前提と課題上の事実に関する技術的な制約的条件である事実前提から構成され，価値前提は価値判断レベルの問題であることから実証的，科学的にその適否を検証できないが，事実前提は事実的判断に基づいた制約条件であるから，経験や科学的にその適否を検証できる。

　上位目標ほど価値前提となり，下位目標ほど事実前提となる。決定前提は上位目標や上司からの指示，状況からの指示など多様であるが，意思決定は決定前提の枠組みの中で行われるから，情報収集，分析，評価を容易にする。代替案の選択は極大化基準，最適化基準ではなく，意思決定者の満足する水準で決定されるという満足化基準に基づく。極大化基準，最適化基準は情報不足から

不明であるため実際の決定基準とはなり得ない。代替案がすべて検討されるわけではなく，いくつかの代替案が考えられても経験や現有の情報に基づいてまずA案を候補案として，情報の収集分析，結果の予想，評価を行い，満足化基準をクリアーすれば，Aを選び他の案を検討しない。他にベターな案が存在するかもしれないが，選択活動は中止する。A案が満足基準に達成しない場合のみ，B案が検討され，満足基準をクリアーする代替案が発見されるまで，逐次探索が進む。このように，現実の意思決定は合理的かつ実践的な方法で行われる。

2 意思決定の型態

意思決定は誰でも行っているから，いろいろなやり方があるが，意思決定の内容から次の型態に類型化されている。

(1) 定型的意思決定と非定型的意思決定

この類型はサイモンによるもので，定型的意思決定はプログラム化された意思決定と呼ばれ，意思決定が標準化，手続化，公式化されているため，一度意思決定すれば繰り返して行う必要がない。日常業務では，定型的意思決定が多く，意思決定の方式が事務手続き，マニュアル，規則，慣行などに公式化され，意思決定の手間を省き，業務の効率的な実施が可能となっている。非定型型意思決定はプログラム化されない意思決定とも呼ばれ，発生頻度が少なくかつ重要性の高い決定問題では反応の仕方が不明であることから，合理的な決定を求めて，企業内外の環境の情報収集，分析，代替案の立案，結果の予測，代替案の評価，選択の過程をたどる意思決定方式を採用する。

(2) 戦略的決定・管理的決定・業務的決定

これは，H. I. アンゾフが提示した意思決定の類型である。アンゾフでは，投資収益力（ROI）を最適化する製品・市場ミックス（事業ミックス）を選択することを戦略的決定と呼び，戦略の意味を限定し主要な決定事項として目的と

第2章 経営計画と経営戦略

目標，多角化戦略，拡大化戦略，管理戦略，財務戦略，成長方式（内部成長，外部成長）などをあげている。管理的決定は戦略的決定の枠組みの中で，最も効率的な業務遂行が可能となるように経営資源を組織化することで，組織構造では情報，権限責任の組織化，資源変換の構造化では，業務の流れ，流通システム，施設の立地，資源の獲得と開発では，資金調達，設備，人材，原材料などの調達に関する決定を指す。業務的決定では，業務レベルの収益性を最大にするために，各職能別部門や製品ラインへの資源の配分（予算化），業務の日程計画，生産量，販売価格，在庫水準，研究開発やマーケティング，業務活動費，業績，コントロールなどの決定をいう。

（3）合理的決定と非合理的決定

合理的決定は一連の意思決定過程で探索された結果に基づいて決定するもので，意思決定機会の発見 – 情報の収集 – 分析 – 解釈 – 結果の予測 – 評価による決定という一連の論理的，合理的分析過程を経ている決定方法である。合理的決定は理論的であるが，現実の状況が複雑で曖昧としているため，必ずしも適用できるわけではないとして非合理的決定モデルが提唱された。J. G. マーチ，J. P. オルセン，M. D. コーエンらによるゴミ箱処理モデルがその代表的なものである[2]。現実の組織は「目標の曖昧」「問題構成要素間の曖昧さ」「意思決定者の流動的な参加」という曖昧状況であり，この状況の中で決定機会というゴミ箱の中に問題，諸要素，解がそれぞれ独立して乱雑に投げ込まれており，明確で論理的な型で決定因が整序されて存在しているわけではない。したがって，合理的決定のように問題と解が論理的必然性によって結びつくものではなく，意思決定者が決定に出たり入ったりしている間に，ある文脈により問題 – 諸要素 – 解が偶然に結びつく，状況依存度の高い決定となり，決定参加者が異なれば決定も異なり，諸要素間の因果関係が曖昧であっても，また未解決な事項があっても決定が行われる。曖昧な状況のもとでも，曖昧のまま決定が行われ，実態は進行して行く。実際多くの問題はこのような曖昧な決定であるが，合理的決定ではこの曖昧さを，病理的現象として排除するべき決定方法であっ

た。しかし，ゴミ箱処理モデルでは，この決定方法が実際の世界ではごくありふれており，普通のやり方であるとして，非合理的決定の理論モデルを構築した。

III 経営戦略

　高度成長期は環境の変化の著しい状況であったが，市場の拡大，工場の増設，増大する資金需要に応じる必要資金の調達など，従来の経営の延長線上での拡大主義に基づいて計画を策定すれば，企業の発展は期待できた。しかし，低成長期に入り，国際市場を巻き込む市場の争奪，新製品，新技術の開発，革新，国際標準の導入による経営革新，加えて社会責任，環境保全など急激な環境変化は多方面に及び，不確実性の状況は高まり，環境から生ずる成長機会が増加した反面，脅威も増大し，これまでのように経営の内部効率の向上だけでは，経営の維持は困難となり，戦略が企業存続，発展の重要な経営政策課題となった。

1　戦略とは

　戦略とは何かについてはさまざまな見解があり著名な3人の論者の見解も異なる。A. D. チャンドラーは，戦略とは企業の基本的な長期目標を決定し，その目標を遂行するために必要な行動方式を選択し，諸資源を配分することとして，日常業務に関する戦術と区別し，企業の性格を長期的に決定する基本構造（経営基盤）に関わる決定である。この定義は最も包括的であり一般に理解されている概念に近い。しかし，チャンドラーは戦略よりも組織構造（事業部制）の発展に注目したため，戦略の体系化については述べていない。H. I. アンゾフは，初めて戦略を体系化し，戦略を戦略的意思決定，特に自社の現有または新規の製品とそれら製品の現在または新市場との結合関係，つまり製品－市場（事業）ミックスの選択であるとして範囲を限定し，戦略立案プロセスを論じ，M. ポーターでは，戦略は競争相手に対する競争優位の条件形成に関わる課題

であり，競争市場における優位獲得の三つの基本的手段の決定に限定した。このように，戦略の定義は多様であるが，戦略の特性は，
① 企業の環境適応に関わる手段の決定である。
② 企業の長期的性格に大きな影響を与える重要事項に関わる決定である。
③ 日常業務の前提となり，短期的には変更できない決定である。
④ 長期的展望に基づき行われる基本構造に関わる決定である。

ただ，アンゾフでは，企業と環境との適合関係は企業が営む製品－市場ミックス（事業）に集約的に具現し，動態的環境に応じて変化する。したがって，環境との適合関係は企業の存続発展に重大な影響を与えるから製品－市場ミックス（事業）の選択課題は最も重要であり，他の戦略課題よりも最上位に位置づけられる。しかし，ポーターでは戦略は現在の事業（現有製品と現有市場の結合関係）の市場競争力を強化するための手段選択であるから，チャンドラーやアンゾフでは戦術，または管理・業務的決定に含まれると考えられる。

2　策定過程

戦略の策定過程は基本的には意思決定過程と同じであるが，戦略は結果を実現するための手段策定過程であるから，次の要素が含まれる。

(1) 事業領域（ドメイン）の決定

企業の環境との関わり方は事業を通して具体化するから，まず関わる範囲つまり事業展開の範囲（ドメイン）を決定する。ドメインは，経営理念や基本方針によって示された事業の方向性によって規定される。事業領域は，広すぎると経営資源の分散を招き，また狭すぎると，創造性や革新性を喪失させる。このため，NECのC＆C，東芝のE＆E，住友電工のオプトピアなどのように，企業は従業員に夢を与えかつ社会的使命感を生むような倫理的，道徳的な表現を含めて，機能的な領域を設定し，成長機会を求めて「選択と集中」の戦略を基本に事業を展開する。

(2) 環境分析

　企業の内部環境を分析し現有の市場，製品，設備，技術，人材，資金，コスト，戦術，戦略，経営諸制度などを分析し，現在の企業の能力を評価する。外部環境の分析では，直面する直接的環境ばかりでなく，広範な環境分析を行い，環境の現状および将来の変化の方向を予測する。

(3) 現有能力の強みと弱みを発見する

　企業内外の環境分析の結果を比較して現有能力のうち，何が強く，何が弱いかを評価する。

(4) 戦略ギャップの分析

　現有能力と直面する成長機会の獲得と脅威の回避のために必要な資源や戦略とのギャップを比較検討して何を補強し，何を革新せねばならないかを決定する。

(5) 戦略代替案の評価と選択

　(1)～(4)までのプロセスより得られた情報に基づき，代替案を作成し有効かつ実施可能な方策を選択することになる。このプロセスは意思決定プロセスと同じである。

3　戦略の型態

　戦略は全社的レベルの戦略としての経営戦略と事業部レベルの事業（部）戦略および機能別レベルの機能戦略（営業戦略，生産戦略，技術戦略，財務戦略，企業イメージ形成戦略など）に構造化される。経営戦略は，事業の選択と資源の集中に関する全社的，基本的な戦略であり，トップ・マネジメントの決定機能である。事業部は，現在の収益性を確保する役割を担うから，現有市場における競争に打ち勝つことが求められるので，主として競争戦略の策定となる。機能別戦略は経営戦略，事業戦略の枠組みの中で，それぞれの職能の効率的達成を

目的とする戦略策定である。戦略は構造体系を有することによって，上位戦略は下位戦略の決定前提となり，経営目的実現に向けて統合される。

経営戦略はその方向によって成長戦略と競争戦略に類型化される。成長戦略は企業成長を目的とした戦略であり，これには拡大化と多角化の二つに類型化される。成長戦略を体系化したアンゾフは既存市場，新規市場，既存製品，新規製品の組み合わせにより企業成長の方向を次のように示した[3]。

① 既存製品と既存市場 ─ 市場浸透（深耕）戦略
② 既存製品と新規市場 ─ 市場拡大戦略
③ 新規製品と既存市場 ─ 新規製品開発戦略
④ 新規製品と新規市場 ─ 多角化戦略

図表2－1　アンゾフの製品－市場マトリックス

	＜既存製品＞	＜新製品＞
＜既存市場＞	市場浸透	新製品開発
＜新市場＞	新市場開拓	多角化

（出所）　Igor Ansoff, Corporate Strategy, New York: McGraw-Hill, 1965, p. 128.
　　　　広田寿亮訳『企業戦略論』産業能率短期大学出版部，1969年。

市場浸透戦略は販売促進策を強化して潜在的需要を掘り起こして売上高の拡大を目指す。したがって製品の導入期，成長期では重要な戦略となる。市場拡大戦略はこれまで対象としていなかった新しい市場に参入して売上規模の拡大を図る。市場は地域，性別，年齢，所得階層，使用目的など，多くの基準によって区分されるがどの市場に参入するにしても新市場の競争状況，参入障壁，参入コスト，需要動向などの分析が必要となる。新製品開発戦略は開発した新製品を既存市場に投入して売上拡大を図る。この戦略は潜在的市場ニーズの大きさ，製品技術の難易度，既存製品との代替性，現有設備の利用度，技術及び製品の開発頻度，ライフサイクルの長さなど検討すべき課題は多いが，企

業の成長ばかりでなく維持にも不可欠な戦略となっている。新製品開発は市場のニーズと技術のシーズ（種）を基に行われるが，市場のニーズを基に開発した新製品の成功率は高いといわれる。多角化戦略は垂直的多角化（素材－中間財－最終製品－消費という流れの中で川上または川下の事業に参入する），水平的多角化（既存市場または類似市場への参入），集中型多角化（現有の市場や技術をベースとして新市場へ参入），集成型多角化（既存技術とは異なる新技術に基づいて関連のない新市場へ参入するコングロマリット）に類型化される。

多角化戦略が採用される理由は多様であるが主要な理由として，

① 現有事業の成熟化，衰退化に伴う脱成熟化や企業革新
② 余裕資金，余剰人員，遊休設備などの余裕資源（組織スラッグ）の有効利用
③ 経済的地位向上のための企業規模，企業利益の極大化
④ 範囲の経済性追求（単独事業よりも複数の関連事業の経営によりシナジー効果を追求する）
⑤ 現有技術をシーズとした無関連製品の開発
⑥ 現有補助業務の収益性事業への進出（調査業務のコンサルタント事業への進出，物流部門の輸送事業への進出）
⑦ 企業リスクの分散（複数事業に資源を分散投資して一つの事業の衰退から生ずる企業の衰退を防止）

などがあげられる。どの多角化型態を採用するにしても，多角化戦略採用の基本的な基準は $1+1=3$ となるようなシナジー効果（相乗効果）と事業の革新である。シナジー効果は既存事業と新事業との間で資源や活動の共用によってコストの節減や効果の促進が生ずるときに発現する。シナジー効果の発現型態によって，開発シナジー，生産シナジー，販売シナジー，経営管理シナジー，資本シナジーなどがある。シナジー効果の高い多角化は競争力も強く成功率も高いといわれる。松下電器の成功は水平的多角化による高いシナジー効果によるところが大きい。わが国では，コングロマリットの多角化が少なく，また成功の例も聞かない。原因は，コングロマリットのシナジー効果が小さいからで

第2章 経営計画と経営戦略

ある。したがって，シナジー効果の高い多角化は内部資源の利用による内部成長方式を採用し，シナジー効果よりも事業を革新して高い収益性を求めるコングロマリットは買収による外部資源を利用する外部成長方式を採用する傾向がある。従来，わが国企業は内部成長方式を採用してきたが，開発資金の巨額化，投資リスクの増大，技術開発や事業立ち上げのリードタイムの短縮化などにより，提携，合併，買収などの外部成長方式も採用されてきた。

　競争戦略は競争相手よりも強い競争力を構築して，市場において相手よりも優位なポジションを獲得する戦略である。競争力優位の源泉は価値の創造過程にある。企業は市場のニーズを満足する価値を創造し，その価値を市場へ提供することによって収益を獲得し存続発展する。価値は製品の開発，設計−原材料の調達−生産−マーケティング−営業−流通−アフターサービスなど，製品の開発から最終需要者への引渡し，これらの活動の総合管理やスタッフ活動などの一連の活動の過程で生まれる。この一連の活動過程を価値連鎖（value chain）という。各企業はこの価値連鎖の過程で得意とする条件を競争優位の基盤とする。たとえば，デザインの得意な企業は，他社製品とは異なる固有のデザインをもつ製品を提供し，生産の得意な企業は効率的生産によって他社と同じ製品をより安価で提供し，技術開発の得意な企業は他社製品よりも優れた品質機能をもつ新製品を提供し，財務能力の高い企業は支払条件を緩和するなど各企業はそれぞれ他社よりも得意とする条件を強化し，利用する。M. ポーターは，この価値連鎖の中で生ずる競争優位の条件を①コストリーダーシップ，②差別化，③集中化の三つの戦略に類型化した[4]。コストリーダーシップは低価格を武器に業界の主導権を握る戦略であるが，市場占有率の拡大とコスト低減の合理化策の推進が必要となる。製品の差別化戦略は他社製品と異なる特異性による競争優位を確保する戦略である。特異性は品質機能，デザイン，扱い良さ，ブランド，アフターサービスなど価格以外の特徴である。ただし，製品特性は他社の容易に真似ることのできないほど有効であり，長期間優位を保持できる。集中化は，市場細分化ともいわれ，有力な競争者が少なく比較的小規模な市場（ニッチ市場）へ経営資源を集中させ，コストリーダーシップま

たは差別化により競争優位を保持する戦略である。中堅企業が大企業と競争できる戦略であるが，規模の拡大を求めることは難しい。

図表2－2　戦略的優位

戦略ターゲットの幅		顧客が認識する特異	低コスト・ポジション
	業界全体	差別化	コスト・リーダーシップ
	特定のセグメント	集　中	

（出所）　Porter, M. E., *Competitive Strategy*, Free Press, 1980.（土岐　坤，中辻萬治，服部昭夫訳『競争の戦略』ダイヤモンド社，1982年，61ページ。）

Ⅳ　戦略策定の基礎

　経営戦略の策定にあたって，企業は環境分析の結果得られた情報に基づいて立案する。いずれの企業でも，製品のライフサイクルポジション，コストポジション，市場の将来性，自社のマーケットシェアなどの要因が戦略の方向性を決定する重要な要因である。このため，これらの要因の分析理論が開発されてきた。有名なものとして次の三つがある。

1　ライフサイクル

　ライフサイクルはある製品が市場に投入されてから，市場ニーズの減少によって衰退するまでの期間の売上高や利益の変化により，市場への導入－成長前期－成長後期（競争）－成熟－衰退の各段階に区分される。製品はすべてライフサイクルをもつと考えられているが，実際には図示されるような型のライフサイクルをもつことは少なくかなり変形している。各段階では，市場や技術の環境が異なるため，適合する戦略も異なる。このため製品のライフサイクル

は戦略戦術の重要な選択基準となる。

(1) 導入段階

製品の知名度が低いため売上高は少ないが，広告，宣伝，キャンペーンなど，市場開発費が大きく，またプロダクト・イノベーションが進行しているので，製品の改良技術の開発費も必要となり，企業，特に先発企業の資金負担は非常に大きい。

(2) 成長前期

製品知名度が向上し，市場拡大の期待が高まるため，新規参入企業が増加し，競争が次第に激しくなる。また製品革新が終われば，デファクトスタンダードをめぐる競争は激しくなる。売上高，利益ともに増加する。市場占有率の向上と製品コストの低減を目指して大型設備投資が実施される。技術開発は製品革新からプロセス革新投資に移行する。大量生産に対応した販売ルートの開発が行われる。

(3) 成長後期（競争段階）

市場獲得競争が激化して低価格政策や製品の差別化，製品の多様化，市場細分化など多様な競争戦略が現れる。次第に業界順位が定まり，撤退企業も現れる。勝ち組企業は売上高，利益ともに増大するため，市場占有率の維持，向上を目指していっそうの生産力拡大投資やプロセス革新投資が続行される。競争激化により勝ち組，負け組の企業が明らかになるいわゆる企業淘汰の段階である。

(4) 成熟段階

市場規模が停滞し，売上高，利益共に伸び止まる。業界順位は定着し，トップ企業の市場主導権が増大する。製品コストを低減するため，諸種の合理化対策を含む後ろ向きの対策が導入され，撤退企業が増加する。反面，脱成熟化を

目指して革新技術による革新製品の開発に取り組む企業も現れる。

(5) 衰 退 段 階

市場規模が縮小し，売上高，利益ともに減少が続き，撤退企業が更に増加する。生き残りの企業でも生産設備の廃棄が行われ，縮小均衡を図る。

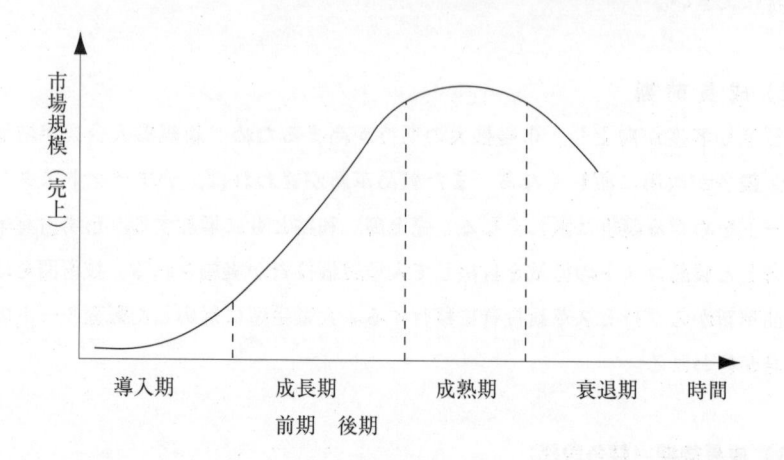

図表2－3　製品ライフサイクル（製品－市場の発展段階）

ライフサイクルは，綺麗な曲線を描くことはなく，実際にはかなり複雑な変形曲線である。しかも，将来の曲線は予測にすぎないため，必ずしも特定製品のライフサイクル上の位置が明確に確認できるわけではない。しかも，戦略，戦術は早めに実施せねばならない。後追いでも追いつく抜群の力をもった企業は非常に少ない。成長期の製品革新の段階で，コスト低減，市場占有率向上を目指して標準製品の生産力増強の大型投資を行い，その後の製品革新により投資は無駄となり敗退した例もあれば，業界順位が定着した成熟段階で，業界1位の企業に挑戦して敗退し深刻な経営危機に陥った例もある。ライフサイクル各段階での市場環境，技術環境，自社の企業力を見極め，適合した戦略，戦術の展開が重要である。

2　経験曲線

　ボストン・コンサルティング・グループ（BCG）が開発した競争戦略の選択基準である。BCGはコストと生産量との関係を統計的に調査，分析した結果，それまでの累積生産量が2倍に増加するごとに，製品単価当たりのコストが20～30％低下するという現象を発見した。経験曲線は，PIMS（Profit Impact of Market Strategies）による「市場占有率が大きい事業ほど投資収益率は高くなる」という調査結果によっても実証された。生産管理における習熟曲線と同じ性格を持つ。コスト低減の原因は明確ではないが，生産工程，管理業務などの改善効果とみられている。製品単位当りコスト（平均コストという）は，当期製造原価を当期生産量で除して計算される。したがって，平均コストを時系列で比較すれば，平均コストの変化は明らかになるが，戦略形成の資料としては限界がある。経験曲線の発見は新規事業への早期参入の有利性や，市場占有率1位になっても累積生産量が小さい場合には必ずしも競争優位が得られない根拠や後発企業は，先発企業よりも大きな生産規模と強力な営業力を準備しない限り，コストリーダーシップを握ることはできないことなど戦略形成に重要な情報をもたらした。また生産量増加に伴うコスト低減の予測を可能にして，原価見積りや価格政策にも大きく役立っている。

3　PPM理論

　製品（事業）ポートフォリオマネジメント（Products Portfolio Management）ととも呼ばれ，市場の成長性と自社の相対的市場占有率の二次元で「負け犬」「問題児」「花形」「金のなる木」の四つのセルに区分し，自社の製品や事業（SBU）をあてはめ，資金の源泉となる製品と投資する製品とを明確に区分して，資金面から自社の製品構成や事業の適正化を図る理論である。BCGが，経験曲線に基づいて開発した製品や事業の選択理論であるため，コンサルタントらしいネーミングがなされている。

＜問　題　児＞

　市場導入期の製品はここに含まれる。売上高，利益ともに少ないが，成長製

品に育てるために市場開発費や技術開発費を投入する必要があり，資金需要は大きい。一方，成長することができず負け犬となる製品もある。このため，問題製品の将来性を見極める判断力や決断力が問われる。

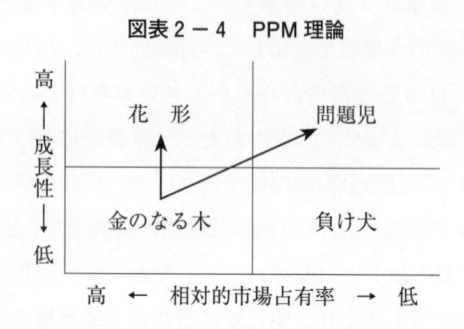

図表2－4　PPM理論

```
高
↑
成
長
性
↓      花　形        問題児
低
       金のなる木      負け犬

       高 ← 相対的市場占有率 → 低
```

＜花形製品（成長製品）＞

　成長段階に入った製品である。市場の成長性，占有率共に高いので，売上高，利益も急速に増加するが，市場占有率向上のためさらに技術開発費や生産量拡大投資を行う。このため，利益は再投資されるが資金不足となる。将来「金のなる木」となる製品である。

＜金のなる木＞

　市場が成熟段階にあるため，売上高の拡大は望めないが，市場占有率が高いため安定的で大きな利益が得られる。市場占有率の維持投資は行われるが，生産力拡大投資は行われないため，「問題児」や「花形」製品の資金不足を補う資金源泉となる。しかし将来，衰退期に入れば，負け犬となる可能性もある。

＜負　け　犬＞

　市場占有率・市場の成長性も低い製品であるため，できるだけ大きな資金回収を図りながら撤退する。

　PPM理論は，資金の源泉製品（事業）と投資の必要製品（事業）を明らかにするとともに，適正な製品構成や事業構成を考えるうえで重要な情報を与える。「金のなる木」の多い企業は現在安定した経営であるが，将来不安定になる可能性が高い。また成長製品の多い企業では，現在の経営は資金不足になり

がちで，財政的不安定な状況に陥りやすい。問題児が少ないことは，将来の「花形」や「金のなる木」も少ないことを意味し，将来の経営に不安を残す。したがって，企業は「問題児」「花形」「金のなる木」のバランスのある製品構成，事業構成が望ましく，適切な事業構成のあり方を示唆している。

　PPM 理論は有用であるが，資金の流れを重視したため，製品間，事業間の相互関係を無視している。特にわが国では，集中的多角化，水平的多角化が多く，技術，設備，市場，人材，販路などのシナジー効果が重視されており，シナジー効果を無視して，事業撤退を決定することは難しい。また，成熟段階にある「金のなる木」であっても，わが国企業は拡大投資を行い競争相手を市場から退場させる攻撃型戦略や徹底したコスト低減で勝抜く防衛型戦略を採用したり，脱成熟化戦略を行うため必ずしも資金源とはならない。PPM 理論は，脱成熟化の発想がなく，いかにもアメリカらしく，収益性が低下すれば投下資金の回収を先行させる株式市場的発想の適用であり，いわゆる革新基準による事業選択である。因みにポートフォリオとは証券市場で使われていた用語であり投資証券の構成を意味している。この BCG モデルは，市場の成長性と自社市場占有率の二つの要素に基づく単純なモデルであることから，産業魅力度（ライフサイクル段階，市場要因，競争状態，収益性，労働生産性，環境条件）と自社の強み（販売力，技術力，資源力，収益力，競争力）をそれぞれ高，普通，低の三段階に区分し，九つのセルを作りそれぞれのセルにおいて採用される戦略を示唆したゼネラル・エレクトリック社（以下，GM）の改良型や市場の発展段階（ライフサイクル）と自社の競争ポジションの二次元で示したホファー＝シェンデル型モデルが開発されている[5]）。

図表2−5　ゼネラル・エレクトリック　図表2−6　ホファー＝シェンデルモデル
　　　　　の事業スクリーン

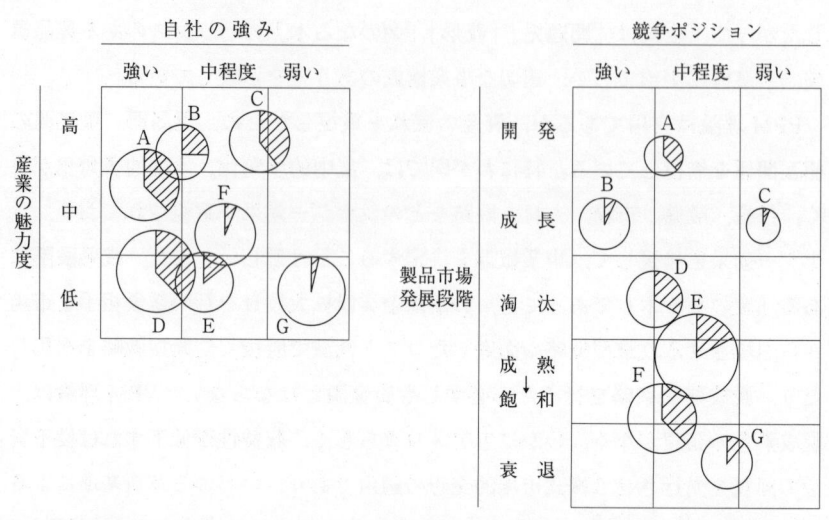

(出所)　Hofer, C. W. and Schendel. D., *Strategy Formulation*. (奥村昭博，榊原清則，野中郁次郎訳『戦略策定』千倉書房，1990年，39〜40ページ。)

V　企業革新戦略論

　分析的戦略論は，理論的，科学的であり，精緻に組み立てられ，説得力もあるが，戦略は将来生起する結果を現在決定することである。したがって，

① 　将来について不確実性は不可避であり，現在ではあいまいな状況が多く，諸要因の予測，結果の見積りも難しいことから，分析の対象となりにくい。

② 　GMで表面化したように，分析的戦略論では戦略立案決定は最高経営者と戦略専門スタッフとによって行われ，現場である事業部はトップダウン式で決定された戦略の実施組織にすぎなく，このため，戦略立案スタッフの増加と権限の集中化が進み，現場のモチベーションを低下させた。

③ 戦略スタッフは現場に対して，多数の分析資料を要求し，多量の書類作成に多くの無駄を強いることになり，分析マヒ症候群を露呈した。

以上のような傾向から，GMのウェルチ会長はGMの収益性を高めたPPM理論を放棄したといわれる。また，1982年，T. J. ピーターズ＝R. H. ウォーターマンの著書『エクセレント・カンパニー』の中で提唱された主張は分析的戦略論の想定しているトップダウンとスタッフ主導による管理方式とはかなり異なるものであった。『エクセレント・カンパニー』は1960～1980年の20年間高い業績と革新性を維持してきた43社を独自の基準に基づいてエクセレント・カンパニーとして選び，これらのエクセレント・カンパニーの共通の要件として，

① 試行錯誤，挑戦主義に基づく行動の重視
② 情報源として顧客への密着
③ 自主性と企業家精神の重視
④ 人を労働力よりもアイデアの源泉として，生産性向上を図ること
⑤ 明確なビジョンや価値観の確立とその共有
⑥ 基軸から離れない多角化（本業，コアの事業を中心とした多角化）
⑦ 単純な組織と小さな本社
⑧ 厳しいコントロールと自主性の尊重

の八つをあげている。これらの要件は価値観を共有し，現場の自主性や企業家精神を尊重し，行動しながら考え，考えながら行動し，試行錯誤を繰り返しながら革新に挑戦する土壌を培う必要性を示唆した。

G. ハメル＝C. K. プラハラッドは競争戦略や成長戦略などで指摘する競争優位の条件は表面に現れた具体的な強さであるが，真の競争優位の源泉はその強さを生み出した企業のコア・コンピタンスという企業能力であり，コア・コンピタンスを構築することが重要であることを提唱した[6]。コア・コンピタンスはスキルや技術の束であるとしているが，その具体的な内容は必ずしも明確ではなく，

① 他社には模倣できない固有の能力であること

② 競争力の源泉として多面的に利用できること
③ 最終製品が顧客に価値を与えること
の三つの条件を具備した能力であると理解されている。

　コア・コンピタンスはコア・コンピタンスの認識－獲得－構築－全社的配備－防護のプロセスを経て改善，強化されながら，長期にわたって構築されるものであり，持続的な競争力の源泉となると主張した。これまでの戦略論では技術，ブランド，品質・機能，コストなど個別要因の強さに注目したが，ハメルらはわが国企業の強さの秘訣も念頭におきながら，表層面に具体化された競争力よりも，その基礎にある源泉に注目した。

　わが国では，一般に最適解を求める分析論の研究よりも革新を創造するプロセスを理論化する企業革新戦略論が早くから重視され，その実証的，理論的研究は国際的にも評価されている。企業革新戦略論は研究者によって企業進化論，知識創造論，パラダイム転換論，自己組織化論，プロセス論など多様であり，プロセスの特性も異なるが，類似点も多い。パラダイム転換論を論じた伊丹＝加護野両教授はプロセスとして識別される要因として，①トップの「ゆさぶり」，②ミドルの突出，③変革の連鎖反応，④新しいパラダイムの確立を指摘している[7]。両教授によれば，長期間にわたって固定化し，定着した企業文化やその基礎を成すパラダイム（考え方，ものの見方，規範，行動など）は簡単には変化しない。そこで，進化論でいう突然変異を発生させるため，企業トップ層は組織に「ゆさぶり」を与える。「ゆさぶり」とは「ゆらぎ」ともいわれ，既存の枠組みでは解決できない課題を与えることによって，カオス（混乱）を起こすことである。「ゆさぶり」は一見不可能と思われるような革新的なビジョンの提示，高い目標の設定などを通じて，組織内に危機感，緊張感を与える。一方，組織成員の挑戦心を刺激する。この「ゆさぶり」は組織全体に行われるのではなく，まず意図的に選ばれた集団を対象に行う。集団は既存の枠組みでは解決できないため，一時的には混乱の状態（カオス）に陥るがミドルレベルと部下レベルで頻繁な相互作用が行われ，戦略専門スタッフとは異なり，現場固有の，豊富で多様な知識とアイデアにより既存の発想法や行動様式とは

全く異なる方式を編み出し，カオスは次第に自己組織化へと発展して，変革の創出が始まる。「ゆさぶり」はトップを中心として行われるが，トップが意図した変革の方向を具体的な型で形成し実現する役割はミドルによって担われる。ミドルは集団のリーダーとして変革実現の要となるから，変革に対して挑戦的，積極的，他を巻き込む勢いのある突出したミドルでなければならない。変革集団は試行錯誤を繰り返しながらも必ず成功し，変革のモデル，シンボルにならなければならない。この段階では，企業のトップはリーダーの突出，集団の突出を全面的に支援し，成功の条件を整える必要がある。

　変革を企業全体に波及させるため，特定集団の成功体験は変革モデルとして他集団に導入され，変革の連鎖反応を起こさせる。変革の連鎖反応を引き起こすには，突出した集団，リーダーに対する明確な優遇処置が必要である。また技術，活動，人材などを通じて他集団との相互作用の大きい，つまり波及効果の大きい集団を「突出集団」に選ぶ必要もある。企業トップは「突出集団」によって具体化された考え方や行動を高く評価するだけではなく，その考え方や行動を企業全体に認識させ，それを経営ビジョン，制度，組織構造，組織過程，行動，規範に組み入れ，集団や個人に内面化させて，特に意識することなく新しい変革的な考え方や行動を発現する土壌を形成せねばならないとする。

　企業革新戦略論は競争戦略，成長戦略，脱成熟化戦略などの具体的，個別的な戦略の立案を扱うのではなく，個別戦略を創出する基礎（組織文化や情報創出基盤）を形成するプロセスを明らかにして，そのプロセスの中で，①企業トップ，ミドルの役割（どちらが主導的かは見解が分かれる），②カオスの発生と自己組織化，③トップとミドル，部下の相互作用，④現場の知識，情報，創造性の重視，⑤現場の革新創出の支援，⑥革新の計画的な連鎖反応などを重視して，組織論的アプローチに基づいて必ずしも明確な理論体系として説明できない実践上の革新形成に焦点を当てている。

注

1） Simon, H. A., *Administrative Behavior*, Macmillan Company Second Editon, chpter 3. 4. 5, 1965, pp. 40-44.
2） Cohen, M. D., March, J. G. and Olsen, J. P., "A Garbage Can Model of Organizational Choice", *Administrative Science Quarterly*, Vol. 17, March, 1972, pp. 1-25.
3） Ansoff, I. H., *The New Corporate Strategy*, pp. 4-7.
4） Porter, M. E., *Competitive Strategy*, Free Press, 1980.（土岐　坤，中辻萬治，服部昭夫訳『競争の戦略』ダイヤモンド社，1982年，61ページ。）
5） Hofer, C. W. and Schendel, D., *Strategy Formulation*.（奥村昭博，榊原清則，野中郁次郎訳『戦略策定』千倉書房，1990年，39〜40ページ。）
6） Hamel, G. and Prahalad, C. K., *Competing for Future*, Havard Business School Press, 1994.（一条和生訳『コア・コンピタンス経営』日本経済新聞社，1995年。）
7） 伊丹敬之・加護野忠男『ゼミナール経営学入門』日本経済新聞社，2003年，456〜465ページ。

（石山　伍夫）

第3章

組織構造

　ファヨール（H. Fayol）が組織を経営管理機能の一要素として位置づけて以来，組織研究は多様な組織観や研究方法に基づいて多面的に展開されてきた。ここでは，経営組織を構造的側面から展開するので，経営目的を最も効果的に達成するためには，経営組織構造をどのように編成するかという視点から説明する。いろいろな視点から論ぜられているが，激変する環境に適応するため，経営組織の大規模化，複雑化にともなって，組織構造のあり方はますます重要な実践的課題となっている。

I　組織の仕組み

　組織構造は仕事が個人の負担能力を超え，複数の人が協働関係に入るときに発生する。組織は単なる人間集団ではなく，仕事を媒体として仕事に関連づけられた人間活動の有機的結合関係としての人間集団である。人間活動の有機的結合関係は成員の職務，責任，権限，職位を通じて，成員の相互関係に具体化される。このため，一般に，組織構造は経営目的を最も効果的に達成するために，成員が遂行すべき職務の種類や範囲，職務遂行の責任や権限を明確化し，かつ，成員の有機的な相互関係を規定した仕組みであるといわれる。管理過程における組織研究はかかる組織の形成過程を対象領域とすることから，L. A.

アレンは組織は成員が目的を達成するために最も効果的に協力できるように，遂行されるべき仕事を明確に編成し，責任と権限を明確にし，これを委譲し，諸関係を設定する過程であると定義して，組織を組織化の過程（organizing step）と把握し，管理機能における一要素に位置づける[1]。

　この構造の中で，成員は計画，意思決定，コミュニケーション，リーダーシップ，コントロールなどの管理過程（組織過程）を通じて合理的な活動を展開する。個人はまずこの構造に組み込まれることによって組織人格を形成する。組織観の相違から構造の分析視点は異なるが，構造特性として専門化，権限関係，階層関係を取り上げる点では大きな違いはない。

　経営目的実現に必要な各種の業務は職能専門化の原則により分化（分業化）されて実施される。業務の分化は一般的には経営目的実現に不可欠な基本職能（製造，販売，購買業務など），次に基本的職能の円滑な遂行を支援する補助業務（修繕，輸送，庶務など），最後に管理機能（企画，予算，コントロールなど）の分化へと進展して，組織構造の水平的広がりが規定される。職能の分化は規模の拡大複雑化，国際化，社会責任，自然保護などの内部化によりますます進展する傾向にある。職能の分化は同じ業務の繰り返しによる経験，知識情報の蓄積，これに基づく創意工夫，改善などの創出源泉となり，また情報や意思決定削減により業務効率を向上させる。

　業務の実施は複雑な相互作用の錯綜する状況の中で展開されるため，管理機能と実施機能との分化が必要となる。この機能分化は管理の幅の限界により階層関係を発展させ，組織構造の垂直的構造を規定する。管理の幅の限界は1人の管理者が管理できる部下の数である。管理の幅の決定要因は業務の性格，情報の多様化，意思決定の多様化，業務標準化の程度，管理者のリーダーシップ，情報伝達の仕組み，部下の能力，管理制度，モチベーションなど，多様であるため，限界の人数は明確ではなく一般に組織成員の数が多くなれば階層は多くなり，階層関係は伸延する。

　このように組織構造は基本的には職能分化と管理の幅によってピラミッド型組織として形成され，構造化の枠組みは部門化，職位，業務，責任権限によっ

て規定される。

II 部門化

部門化（departmentation）とは経営組織を部，課，係などに区分し，この単位組織に専門化の原則により分割された特定の業務群を配分して部門を構成し，経営組織をそれら部門の結合関係として形成する過程をいう。部門化は経営組織の水平的構造を決定する要因である。このため，企業は経営環境に適応するために，いろいろな基準を用いて部門化を行っている。部門化の基準として，一般に次の基準が使われている。

(1) 職能別部門化

職能分化に即して職能別に部門を編成した組織であり，職能別部門組織といわれる。職能別部門組織は典型的，基本的な組織であって，一般に広く普及している。各部門は特定の業務に特化することによって，担当業務に関わる知識や経験を有効に利用でき，能率的な業務の遂行が可能となる。

(2) 地域別部門化

これは，大規模企業のように，業務活動が地理的に拡大しているとき，地域を基準に業務の種類や範囲を決定して行う部門化である。地域によって，生活習慣・様式・消費動向などが異なるから，地域の実情に精通しておくことが，市場に機敏に対応できる前提条件となる。このため，生産会社の販売部門や販売会社では，地域を基準に，支店，営業所などの部門を設けて特化させる場合が多い。

(3) 製品別部門化

これは製品別に業務を分割し部門を編成する。たとえば製造会社が製品別に工場や生産ラインを部門化し，商社，百貨店が取扱い商品別に部門を編成する

例である。経営が多角化し，製造販売する製品の種類が多くなると，製品によって，製造活動や販売活動の様態が異なるので，単純な職能別部門組織では対応が困難になる。このため，多角化した企業では，製品別部門をさらに発展させた製品別事業部制を採用している。

（4）顧客別部門化

顧客の要求は購買力，年齢，性別，その他諸種の要因によって異なるので，これは顧客を一定の基準によって分類して部門を編成する。営業部門が大口需要者と小口需要者に，銀行では官公庁，法人，個人などに，百貨店では婦人服売場と紳士服売場などに区分されて部門化される例である。

（5）工程別部門化

これは製造過程を技術的な工程に区分して各部門に特定の工程の業務を担当させる。工場の内部組織が鋳物部，機械部，塗装部，組立部などに編成される例である。工場における主要な業務は作業職能であるが，作業内容は工程によって異なるので，工程別に部門化したとき，自ずから，作業別の部門に編成される。これは最も能率的な作業の遂行を可能とするので，工場では古くから工程別部門化が行われてきた。

部門は前記以外の種々の基準によっても編成されるが，実際の部門編成では，企業は実情に即した複数の基準を選択して部門化している。企業の存立条件の一つは能率性であるから，経営組織の構造は分業の原則，専門化の原則により，早くから職能別部門組織として編成され，今日でもすべての企業の基礎的な部門形態として適用されている。しかし，市場や経営が規模的に拡大し，質的に変化すると，経営組織は職能別部門だけでは，環境に対して効率的に対応できなくなり，部門は製品別，地域別などいくつかの基準によって，二次的，三次的に重層構造として編成されている。

Ⅲ 責任と権限

1 責任・権限とは

　経営組織の水平的構造は職能の分化により，垂直的構造は管理の幅の限界により決定される。しかし，組織は単なる機構ではなく，人間がこの機構に組み込まれて，人間の協働体系として，業務活動を展開する。機構としての組織構造を人間の協働体系として活動させるためには，各職能間，各部門間，各階層間が相互に有機的関係を保持して，組織全体として統一性のある活動体系が形成されていなければならない。責任権限関係は組織の有機的関係を保持する役割を果たしている。

　人は組織に組み込まれるとき，組織上，一定の地位を与えられる。この組織上の地位が職位 (position) である。職位は遂行すべき特定の業務を課せられているから，人は職位についたとき，遂行すべき義務のある業務を担う。ある職位の人が遂行せねばならない業務を職務 (job) という。職務は業務と義務とが結合した概念である。職能分化により形成される職能体系は職位を媒体として人に結合して職務体系となる。人は職務として業務を与えられたとき，その職務を遂行せねばならない責任 (responsibility) をもつ。責任は人間にのみ適用される概念であるが，その人間は人間一般として把握されるのではない。その人間は組織成員として，ある職位につきその職位に配分された特定職務を担う者に限定される。したがって，責任の内容は配分される職務の内容によって決定される。組織成員はその職務を遂行するために，組織の中で公に職務を遂行できる権利・力を与えられねばならない。この権利や力を権限 (authority) という。したがって，権限もまた職務と一体となっているから，権限の内容は職務の内容によって決定される。責任と権限は職務を媒体として表裏の関係にある。職位に職務が配分されたとき，同時に，責任と権限も配分される。責任と権限のこの関係から，各職位に与えられる責任と権限は同等でなければならないという責任・権限対応の原則が生まれる。部下に職務を与え，したがって，その職務遂行と結果についての責任を与えるが，必要な権限を与えないとき，

能率的な職務の遂行が確保されないばかりか，部下は責任だけをおしつけられ，管理者に対する不信感や勤労意欲の低下を招くことになる。

　組織成員は経営者から一般従業員まで，職務を与えられるから，すべての成員が責任と権限をもつ。職能の階層的分化により，作業職能と管理職能に分化するから，これに対応して，責任は作業責任と管理責任，権限は作業権限と管理権限に区分される。責任については，両責任共に，その職務を遂行する責任とその遂行結果について上位者に対して有する責任となるが，権限については，作業権限と管理権限ではその性格が異なる。作業権限は担当業務を排他的に実施できる権限であり，他の成員の意思決定に影響を与えることは少ないが，管理権限は他の成員の職務遂行を管理監督する権限であり，意思決定し，それを部下に命令し，命令事項の実施を指揮する権限である。したがって，管理権限は決定権，命令権，指揮権などを内容としており，部下の意思決定や職務遂行に大きな影響を与える力である。権限が組織において重要な意味をもつのは，他の成員に対して影響力をもつからであり，E. F. L. ブレックは「権限は部下の行動の基準となる正当な指示を出す権力を意味する。したがって，管理者は彼の管轄下に配置された人達の活動を指導し，規制すること……」と定義し[2]，権限を管理権限に限定している。わが国でも，権限を管理権限に限定する見解が一般的である。

2　権限の機能

　権限は他の成員に対する影響力の側面から組織形成において次のような機能をもつ。

（1）相互関係機能

　上位者が決定・命令の権限を行使することによって，下位者は上位者の規定する枠の中で判断し，業務を遂行する階層関係が形成される。この結果，命令系における各職位の相互関係が決定される。他命令系統の職位に対しては，担当する職務上の決定権，指示権，助言権を通して相互関係が規定される。

（2）調整機能

意思決定は立案，審査，合議，決定，承認の過程を通して行われるが，他の職位が関連事項について，立案権，審査権，協議権，決定権，承認権などの権限によって，この過程に参加し，意思決定に影響を与え，職位間の相互調整が行われる。

（3）統制機能，統合機能

上位者は目的，方針，計画などに従って，下位者の業務遂行を指揮し，期待通り業務が行われているかどうかをチェックし，その責任の能率的達成を確保する。

権限の内容は決定権，協議的，調整権など委任される場面で異なるが，権限関係によって，各職位は垂直的相互関係，水平的相互関係の中に位置づけられ，組織全体が一つの有機的関係として形成される。この結果，能率性の見地から分化した職能は組織全体に統合され，経営目的達成の活動として遂行される。

Ⅳ 権限の源泉

権限の本質は，権限はどこから生ずるか，その源泉を理解することによっていっそう明らかになる。権限の源泉について諸種の見解があるが，主なものとして，公式的権限説，権限受容説，権限職能説をあげることができる。

（1）公式的権限説

これは，権限が究極的には私有財産制度という社会体制に属するという見解であって，伝統的な権限学説として古くから主張されている。権限は法的に認められている物的財産に対する絶対的支配力である私有財産権に基づいて発生する。したがって，経営上の権限は企業の所有者に帰属するとする。経営活動の遂行上，権限は組織における階層関係を通じて下方向に委譲される。つま

り，株主総会にある権限は取締役会→最高経営者層→中間管理者層→下層管理者層→一般従業員へと委譲される。ここから，この見解は権限委譲説ともいわれる。H.クーンツ＝C.オドンネルは公式的権限説を支持しているが，私有財産権は法律，政治，道徳，制度などによって制限され，また，私有財産のない経済組織，政治組織，宗教組織にも権限が存在する。権限は基本的な集団行動の諸要素－習慣，政治，法律，教義など－にあり，これらの要素は変化するから，制度も変化する。したがって，権限は本源的には私有財産制度に求めるのではなく，基本的な社会制度から生まれるとする[3]。

公式的権限説では，権限は属人的な性格をもち，権限の所有者が上から与えることによって，各職位は権限をもつとするため，命令権をもつリーダー中心の考え方となり，命令を受ける者の視点が欠けている。権限が有効に作用するためには，受令者の協力が必要となる。

（2）権限受容説

バーナードによれば，権限は公式組織における伝達（命令）が組織成員の行動を支配するものとして，組織成員によって受容される性格をもつものであって，命令は部下に受け入れられたとき，命令の権威が確立され，行為の基礎となるのであり，部下が命令に従わないときには，命令の権威は拒否される。したがって，命令が権威をもつか否かは，命令を受ける者にあり，命令を発する者にあるのではないとする。そして，命令が部下に受け入れられ，権威あるものになる条件としてバーナードは①部下はその伝達を理解できること，②部下の受け取る伝達が組織目的と矛盾していないこと，③部下の個人的動機と両立すること，④部下が能力的にその伝達に従うことができることの四条件をあげている[4]。

組織は命令を発する者と命令を受ける者との関係ではあるが，身分の上下関係ではなく，協働関係としての職務の相違に基づく関係である。したがって，各成員による職務の円滑な遂行は上からの専制的な力による強制よりも，各成員の同意によって行われるとき，最も効率的な協働関係が確立される。権限が

実効あるものになるためには，部下のモチベーションの高揚は主要な課題となる。この点，権限受容説は権限の本質よりも，権限運用における実効性に注目する。しかし，権限が上位者と下位者との個人的関係に位置づけられ，個人の恣意的な決定によって権威づけられる危険をもつ。権限受容説はバーナードよりサイモンに受け継がれ，組織理論における権限学説の基礎となっている。

（3）権限職能説

　組織は職務体系であり，個人が組織に参加するとき，必然的に職務の担い手となり，成員は職務を遂行せねばならない責任をもつと同時に，職務を公に遂行する権限をもつ。職務－責任－権限は三位一体であり，権限は職務と切り離して存在することはなく，権限の基礎は職務にあるとする。公式的権限説，権限受容説においては，権限は属人的性格をもつが，職能説において，権限は職務に属しており，成員が職務をもつとき，その成員が経営者であっても，一般従業員であっても，権限をもつ。権限は上から与えられるものではなく，職務から生ずる。フォレットは専制的な権力の行使を批判して，命令の非人間化を唱え，命令は情況が要求するものであって，1人が命令を発し，ある人が服従する問題ではなく，両者は共に状況の要求するものを受諾するにすぎないとして，権限は情況から生まれるとした。その情況とは，職務遂行の全体過程を意味し，その中心は職務にある。したがって，彼女は命令は仕事から生まれるものであって，命令から仕事が生まれるものではないとして，公式的権限説の陥りやすい専制的権力を批判すると共に，命令は同意によってその妥当性を得るものだと考えることは誤りであり，命令は同意を得る前に，命令授与者と命令受領者とが共に関連する職務の全体過程によってその妥当性が与えられるとして，権限受容説にも批判的な見解を述べている[5]。

　経営組織における権限は職務を切り離しては意味を有しないから，権限を法的に形式的観点からのみ論ずることは妥当ではないが，権限の存在が人間関係によって決定されるとするのも合理的ではない。権限職能説の最も精練された見解を展開した高宮晋は，権限が実質的な効果をもつためには，従業員の受容

を必要とする。しかし，その受容は恣意的なものではなく，職務遂行上，権限は必要であるという認識に基づいていなければならないと主張される[6]。

V 権限の委譲

　権限と職務は一体の関係にあるから，職務が部下に割り当てられるとき，当然，職務遂行上の権限も部下に与えられなければならない。しかし，この権限が職務の実施権限のみで，決定権限は上位者にあるとき，これは権限の委譲ではない。上位者は委譲する職務の目的と内容を明確化して，その職務に関する実施権ばかりでなく，意思決定権も与えるとき，これを権限の委譲（delegation of authority）という。したがって，権限の委譲は上位者から下位者に対する権限の委任であり，その権限は意思決定権でなければならない。

　権限の委譲は権限放棄の過程ではない。上位者が部下に職務と決定権を委譲しても，上位者は管理者として部下による職務の遂行を確保する責任をもつ。ここに，責任は委譲できないという権限委譲に関する原則が成立する。権限委譲者はこの責任を果たすため，被委譲者の職務の遂行と結果について管理監督し，上位者にその結果について報告する責任（accountability）をもつ。アカウンタビリティとしての責任は権限の委譲の結果生ずるのであるが，この責任は委譲できない性格のもので，権限や職務が下に流れるのに対して，常に上位の階層に向かう。この場合，委譲者の管理は部下の職務実施に深く立ち入って，自ら命令し指導する方式ではなく，自己の期待に沿うように，部下の決定や行動を律する基準を設定して行うものである。すなわち，この管理は，目的，方針，手続，規則などを設定して，予め，部下に，決定，行動の基準を与え，部下が決定，行動においてその基準を遵守し，かつ，決定や結果について報告する義務を課し，目的達成へと誘導する方式である。したがって，権限の委譲は近代的管理方式の確立を前提として実施される。

第3章　組織構造

VI 組 織 形 態

　経営組織は職能の分化と統合の協働体系であるから，その形態は職能分化のあり方と権限関係のあり方によって決定される。経営規模に応じて，組織形態は異なるから，各種の形態が提唱されている。代表的な組織形態として直系組織，職能別管理組織，ライン・アンド・スタッフ組織があげられる。これらは組織形態の発展過程を示すから，この三つの形態の理解はこれを原形として発展してきた現代の大規模組織の理解にも通ずる。

（1）直系組織（line organization）

　これは包括的な命令系統のみで形成され，他の命令系統に対して，職能的関係以外，権限上何ら関係を有しない組織である。直系組織は軍隊組織ともいわれる。命令・指揮は垂直的に下方向に行われ，下位者は同じ命令系統にある直接の上位者の命令・指揮に従い，他の系統から命令を受けることはない。これは命令一元化の原則を厳格に適用した組織形態であり，命令系統に飛躍がなく，どの上位者がどの下位者に権限を行使するか，下位者はどの上位者に責任をもつか責任・権限の系統が単純明快である。この形態の長所は命令・指揮に混乱がなく，責任の所在が明確になるところにある。この結果，組織全体として秩序と規律が維持される。

　反面，欠点として，①権限が上位者に集中するため，上位者の業務が広範かつ複雑となり，上位者はその職務の遂行に，多面的な知識や経験，能力を要求される結果，負担が過重となる。②各命令系統が他の系統に対して独立して業務を実施するためには，業務の種類や範囲が明確に区分でき，かつ他の業務と関連性を有しない単純な業務，または，分業形態をとらず，各命令系統が同じ業務を行う場合に適用される。複雑な内容をもつ業務や補助職能が分化した段階の業務では，他の命令系統に何ら関係をもたず，業務を円滑に遂行することは不可能である。③管理限界により，単位組織が小さいときには，階層関係が多層化し，命令系統が延長して，階層を流れる情報に誤り，脱漏，遅延など情

報伝達上大きな弊害が生じやすい。④他の命令系統との調整は両系統との共通の上位者までさかのぼって行われるから、機敏に処理することができない。

　直系組織は命令の一元化と責任の明確化を組織原理として編成され、集団行動の秩序と規律を維持しているから、経営規模が小さく業務内容が単純な企業では、強力なリーダーシップが発揮でき、能率的な業務の実施が確保される。

図表3－1　直系組織

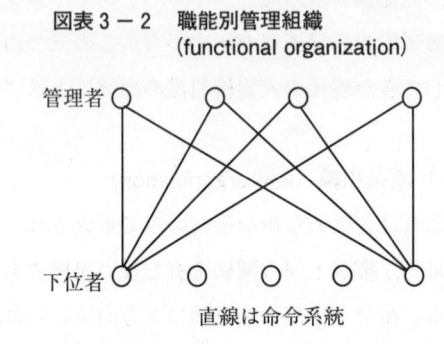

直線は命令系統

図表3－2　職能別管理組織
（functional organization）

管理者

下位者

直線は命令系統

（2）職能別管理組織

　これは直系組織における包括的権限を職能的に分解して権限を行使する形態である。業務内容の複雑化に伴い、下位者は内容の異なった業務を実施するとき、その下位者は業務ごとに異なった管理者の命令指揮に従う。直系組織では、1人の下位者が複数の業務を実施する場合でも、1人の管理者と命令関係をもつにすぎないが、職能別管理組織では1人の下位者は業務と同じ数だけの令令者をもつことになるから、命令系統が多元的になる。職能別管理組織はテイラーによって提唱されたが、彼は直系組織を批判している。直系組織においては、職長の任務が非常に広範囲にわたり、そのため、要求される知識は非凡な資質と数年の教育訓練を受けた者でなければ獲得できないものである。一般の職長はその職務の全部を遂行できないから、自分で最も重要と判断する職務のみに注意を集中し、他の職務を無視することとなり、職務に間隙が生ずる。直系組織における職長がその職務を完全に遂行するためには、職長は知性、教育、専門知識、手腕、精力、勇気、正直、判断力、健康その他多くの資

質を必要とする。これらの資質条件のうち，五つ以上の資質を備えた者を見出すことは難しいとして，職能別に部下を管理する組織形態を提案し，1人の職長が行っていた職能を八つに分割し，一つの職能につき，1人の職長を配置した。

職能別管理組織では，管理者と部下との関係が職能別の権限関係によって規定されるから，管理者は自分の専門とする職能についてのみ部下を管理する結果，注意を単一の職能に集中することが可能となり，管理者の負担は軽減される。職能別管理組織は専門化の原則を組織形成の基本原則としており，職能分化に適応した形態である。

この結果，1人の部下は職能別に管理者をもち，いくつかの命令系統に組み込まれるから，命令が多元化して，一貫性がなくなり，業務の実施が混乱するばかりでなく，管理者は部下の実施する業務に部分的に関与するのみであり，管理責任の所在が不明確となる。命令の一元化と責任の明確化は集団行動に秩序と規律を与える基本原則であるが，職能別管理組織は両原則を欠いているところに大きな欠点を有する。

(3) ライン・アンド・スタッフ組織 (line and staff organization)

経営規模の拡大は業務の量的拡大ばかりでなく，業務の質的変化，新たな業務の追加を必要とする。この結果，職能分化が促進され，協働関係が複雑化するから，これを統合させ統一性ある関係を形成するためには，命令の一元化と責任体制の確立が不可欠である。一方，業務の複雑化は管理者の負担を大きくする。この事態に対処しうる組織形態は直系組織の長所と職能別管理組織の長所を併有した組織形態である。直系組織における命令一元化の原則と責任の明確化，職能別管理組織における管理者負担の軽減と専門化の原則は，両組織のもつ欠点を互いに補っている。

ライン・アンド・スタッフ組織は文字通りラインとスタッフの結合した組織であり，各部門の業務は命令一元化の原則に基づき，ラインを通じて実施され，補助職能として分化した職能はスタッフ部門として組織化され，専門的，

助言的な権限により，他部門の業務を援助促進する協働形態である。命令の一元化により，組織全体の統一的活動が確保され，専門化により，職能分化が促進され，能率的な業務の実施が可能となる。ラインとスタッフの結合のあり方に，諸種の形態があるが，今日，大規模企業における経営組織の基本的形態となっている。

この組織形態にも欠点はある。スタッフが助言の範囲でラインを援助するときには，問題は生じないが，管理の精緻化，高度化に伴い，スタッフが高度に専門的，技術的性格をもつと，専門の権威が確立され，スタッフが助言活動に止まらず，指示・命令の力を得て，スタッフとラインの関係が複雑化する危険をもつ。

(4) 委員会制度

経営組織の歴史は職能分化とその統合の発展史である。職能分化が進むほど，各職務は専門化し能率的となるが，各職位の遂行する職務は部分的となる。経営目的はこれら各部分職務を担当する成員の協力によって初めて実現される。権限関係は協働を確保するために設定されたものである。しかし，ライン関係，スタッフ関係において，いかに権限が明確に詳細に規定されたとしても，それだけでは，完全な協働関係を形成することはできない。専門化の原則は業務の能率的実施，熟練修得期間の短縮などの長所をもつが，反面，視野の狭隘化，独善的思考，割拠主義などの弊害が生まれ，権限関係だけでは覆うことのできない組織上の間隙ができ，協調よりも対立が生ずることもある。この間隙を埋めて組織全体の協調を確保するには何らかの工夫が必要である。委員会・合議体はこの工夫の一つである。

委員会・会議体は権限，構成員，協議事項などにおいて諸種のものがある。権限については，審議決定の権限をもつ決定機関，審議事項について審議し，その結果を答申する諮問機関，情報の交換，意見の調整など単純な連絡会議などがある。構成員の相違から，経営委員会，常務会，部長会，課長会などがある。経営委員会，常務会はトップ・マネジメントをメンバーとするもので，多

くの企業で設置されている。これは最高意思決定機関である場合が多い。企業の将来に重大な影響を与える問題について社長個人の決定よりも，集団による協議・決定がいっそう適切な結論を得られるからである。しかし，社長個人の決定を追認して，専制的な決定を陰蔽するにすぎないこともあり，最高の意思決定機関としての実態は種々異なる。部長会，課長会は組織を横断して，各部門の情報交換，実務レベルの事項に関する意見調整や決定を行う。特定の協議事項を取り扱う委員会としては，技術開発委員会，新製品開発委員会，生産委員会，予算委員会，企画委員会などがある。これは関係部門の代表者を構成メンバーとして特定事項について協議や審議を行う機関である。特定事項の業務執行機関として，委員会が編成される場合もあるが，これはプロジェクトチームといわれ，ここで取り上げる委員会ではない。

Ⅶ 集権的組織と分権的組織

　決定権が最上位の管理者に集中している組織を集権的組織（centralizing organization）という。この場合，各職位は業務執行権を与えられているのみで，その職務に関する包括的な決定権を与えられていない。したがって，集権的組織におけるリーダーシップは個人的能力や人格に基づいて行われるため，経営者個人の能力や人格が優れ，かつ，合理的決定に必要な諸情況を容易に把握できる場合には，意思決定の統一性，迅速性が確保される結果，経営活動の統合化が容易となり，経営目的を能率的に達成することが可能となる。しかし，集権制の効果は小規模企業に限られ，大規模化するに従って欠陥が表面化する。すなわち経営者は決定権を集中的に掌握しているため，負担が過重になり，また，階層関係の延長により，情報の伝達に諸種の弊害が生じ，適切，適時的な意思決定が難しくなる。

　この欠点にもかかわらず，わが国の企業では，経営規模が拡大しても，長い間，集権的組織を採用してきた。その集権制の根幹をなした制度が稟議制度である。

稟議制度とは①下位者は業務上の重要事項について，一定の様式をもった文書形式で起案し，②その文書（稟議書という）を業務上関係ある部門に送付（回議）して，③決定権者である最上位者が決済する決定方式である。したがって，稟議は①下位者が立案する，②立案は一定の様式を有する文書形式で行う，③その文書は関係部門に回議される，④上位者が起案書の可否を決定する。稟議は決済権をもつ決定者の職位により社長稟議，部長稟議，課長稟議に区分されるが，一般的には社長稟議が問題にされる。稟議制度は管理方式として次のような特徴をもつ。

①　下位者が立案する事項は日常業務に関する問題に集中するから，管理は日常業務中心の管理となる。

②　稟議事項は議案別に決定されるため，経営活動は個別的，直接的に管理され，総合性に欠ける。

③　議案は事前に審査決定されるから，事前管理は慎重に行われるが，統制はおろそかになる。

④　ボトム・アップ（bottom-up）方式は消極的なリーダーシップとなる。

　稟議制度では，経営者は日常業務について，議案別に，事前に審査，決定することによって，日常の経営活動を個別的に，直接的に，指揮監督することができ，そのうえ，稟議書の関係部門への回付によって円滑なコミュニケーションを確保する。したがって，稟議制度は経営環境が静態的で単純な状況の下では，経営活動を有効に管理する方式として大きな価値を有した。経営規模の拡大に対しても，稟議制度は稟議事項を合理的に整理することによって対応できたため，集権制は大規模企業においても，長い間維持された。しかし，経営者が日常的な業務活動の決定に忙殺されると，将来を計画し，思考する余裕がなくなり，長期的展望を必要とする戦略問題や全般的事項に関する計画が不足する。多角化企業では製品ごとに異なった経験，知識，判断を必要とするから，権限の集中した経営者の能力は直ちに重荷となり，機敏に合理的決定が行い得なくなる。これらの欠陥を補うため，スタッフを多く使うようになり，頭でっかちな組織が形成されることになる。スタッフについて，パーキンソンの法則

通り，仕事が作り出され，本来，委譲した方が適切な権限まで，スタッフの援助によって経営者に留保される。特に，需要の多様化，価値観の多様化，急速な技術革新を背景にした動態的な環境において，長期的，戦略的観点，総合的判断の不足は大規模経営の管理方式として致命的欠陥となる。

　分権的組織（decentralizing organization）は決定の権限が組織全体に制度的に下層の職位に配分される組織である。権限の委譲は上位者と下位者との間の個人的な権限の委任を意味するが，分権化は組織的に，制度的に権限の委譲が行われている組織である。

　分権的組織は下位に委譲される権限の種類と程度，したがって，トップに留保される権限の種類と程度によって，分権化の形態は異なるが，ドラッカーは職能的分権制（functional decentralization）と連邦的分権制（federal decentralization）をあげている[7]。職能的分権制は製造部，販売部などの職能別部門組織において，各部門へ計画・決定の権限を委譲する組織である。したがって，通常の部門組織において，制度的に権限を委譲した体制となる。職能別部門組織は機能の専門化に付随するすべての欠陥をもつ。特に，各部門は職能的に相互依存関係が強いから，複数の部門に関連する事項が多く，トップ・マネジメントの管理は各部門間の調整に重点が置かれる。しかし，各部門に共通した目標や業績評価基準が設定できないことから，この調整が難しくなる。この結果，職能部門組織は分権化に大きな限界をもつ。このため，分権化の代表的な組織は連邦的分権制といわれる。連邦的分権制では，各部門はそれぞれ独自の製品と市場をもち，利益責任をもった自立的組織単位として形成される。いわゆる事業部制がこれにあたるが，事業部制については次項で説明する。

　アレンは分権化が行われる要因として経営者の負担軽減，経営多角化への対応，製品市場の強化，経営者の啓発，動機づけなどを指摘している[8]。すなわち，

①　分権化は経営者の負担を軽減し，総合的管理や長期的な展望の下での目的，方針，戦略の設定を容易にする。

② 世界で最初に分権化を導入したデュポンにみられるように、分権制組織は多角化企業に適した組織である。分権化は規模の拡大よりも、多様性にいっそう適応できる。
③ 分権化により、各部門は特定の製品や市場に特殊化できるから、情報や状況の把握が容易となり、機敏に合理的な意思決定が可能となる結果、市場の変化に容易に対応できる。
④ 分権化は部門責任者の能力を活用する組織である。すなわち、部門責任者は経営者として行うべき重要事項の決定について必要な経験や知識を学ぶことになり、経営者の養成に役立つ。
⑤ 下位者が重要事項の意思決定に参加することにより、単に上から命令として与えられるよりも、参加意識が高まり、動機づけが容易となる。

Ⅷ 事業部制組織・社内カンパニー制組織

基本的な部門組織である職能別部門組織は単品生産を前提とした組織であり、安定的な環境と標準化、公式化の容易な業務状況では内部効率の向上に役立つ合理的組織であるが、市場や技術の多様化には対応しにくい特性をもつ。このため、事業部制組織は多角化により直面した技術や市場の多様化に対応するために導入された組織形態である。事業部制組織の特性は①プロフィットセンターとしての利益責任、②利益責任を果たすために必要な職能、③利益責任を果たすのに必要な権限を保有する自己完結型組織である。事業部制の本社組織は対環境調整機能と事業ポートフォリオ（事業構造）や幹部の人事、企業戦略の立案、資源の割当、事業部の目標設定、業績評価、財務など経営の重要事項、戦略事項の決定にとどまり、製品開発、購買、製造、販売、人事、会計など自律性確保に必要な職能と権限を包括的に事業部に委譲する。したがって事業部は直面する環境の変化や革新に機敏に対応できる体制を整備した仕組みとして形成され自律性の高い典型的な分権化組織である。

事業部制組織は一般に製品別組織であるが必要に応じて地域別、顧客別など

に編成される。わが国では松下電器が最初に事業部制を導入したといわれ、現在では一般的な組織形態として普及している。しかし、前述したような自律性の高い典型的な事業部制は少なく、職能別事業部制（製造事業部、営業事業部など）や計算上の事業部制など擬似事業部制も多い。これはわが国企業はシナジー効果を基準とする多角化が多く、したがって、既存事業の周辺に多角化が行われ、技術や市場が類似しており、事業部門の相互依存関係が強く、同一工場で複数事業部の製品を作り、同一営業部で複数事業部の製品を販売する方が工場や営業部門の分割による二重投資や効率性の低下を回避することができるからである。このため、米国企業に比較してわが国企業の事業部制は自律性が低く、それだけ調整機能が重要となり、経営トップの権限も強く本社組織の規模も大きい。

　事業部制組織は①直面する環境を単一製品ラインに限定するため、環境の変化に迅速に対応できること、②利益目標という各事業部共通の目標が明確であること、③事業部間競争による活力の向上、④経営者の負担軽減、⑤経営能力の育成などの長所を有するが、反面、①セクショナリズムの台頭、②人事異動の停滞、③二重投資、④短期的視野などの欠点が指摘されている。製品の多様化（多種類化）とそれに対応する市場細分化が進展し、製品別事業部制も細分化する傾向から事業部制の欠点が露呈してきた。このため製品別事業部制を特定の市場に関連する複数の事業部を括めて事業本部制を採用する企業も多い。事業部の上に事業本部を設置することは屋上屋を重ねることとなり、その弊害も大きく事業本部制導入後数年で再び製品別事業部制のみとした大手電機メーカーもある。

　事業部制組織は利益責任を有するが、投下資本やキャッシュフローについての責任を有しない。利益は売上高−費用＝利益として計算されるから、利益責任とは損益計算書に責任をもつことである。しかし、収益性は投下資本にも影響されるばかりでなく黒字倒産の例にみられるように利益はキャッシュフローを増加させるとは限らず、利益はあっても逆にキャッシュフローは減少させることもある。近年、国際標準の導入により、企業業績は投下資本利益率（ROI）

やキャッシュフローベースの利益計算による評価が重視されるようになり，事業部の責任は損益計算書だけではなく投下資本を示す貸借対照表を含めるようになった。事業部が損益計算書と貸借対照表の双方に責任を有し，かつ両面から業績評価される制度を社内カンパニー制と呼んでおり，現在急速に普及している。使用資本つまり使用資産の事業部別分割は実際にはかなり複雑な会計手続きが必要となるが，投資面まで権限が委譲されるので，カンパニー制組織は事業部よりも自律性の高い組織となる。

（1）プロジェクト組織・マトリックス組織

プロジェクト組織は迅速性，革新性を求められる製品開発，技術開発，大型設備投資，新事業の立ち上げなど特定課題の解決を目的として複数部門の成員から構成される組織である。プロジェクト組織のリーダーはプロジェクトマネージャーと呼ばれ，担当プロジェクトについて計画，組織化，予算，リーダーシップ，コントロールなど管理，調整，実施について包括的な権限を与えられる。マネージャーは必ずしも高い職位にあるものとは限らず，課題解決に適合した者が選ばれる。プロジェクト組織は縦割り型の職能別組織を横断した水平型の組織（マトリックス組織）となる例も多い。このため，成員は本来の所属部門とプロジェクト組織の2人の管理者をもつことになり，指示系統の混乱や本来業務により円滑な活動を阻害されることもある。しかし，多様な専門知識と情報を有する成員の結集はプロジェクトの多面的な検討を可能にして，環境変化に適合した革新性を生みだす機会となるため，今日では多くの企業が導入している組織である。

プロジェクト組織は課題解決後解散する臨時的，短期的組織であるため，長期継続的な設置を必要とする課題には適さない。新製品開発プロジェクト組織では新製品開発から市場導入期まで担当し，その間，製造，購買，営業などの既存の部門に依存しながら活動し，成長期に入った段階でSBU（戦略的事業単位）や事業部に改編される例もある。

第3章　組織構造

(2) 条件適合理論（コンティンジェンシー理論）

　組織に関する研究は古くから普遍的に適用できる組織を構築するための一般理論を探求してきたが，チャンドラーの組織構造は戦略に従うという有名な命題以来，組織は環境（市場，技術）との関連で分析され，組織の有効性は環境に依存するから，環境が変われば有効な組織も変わり，すべての環境に普遍的に適応できる唯一最善の組織は存在しないという条件適合理論が提唱された。条件適合理論には①生産技術と組織，②環境（状況）と組織という二つの流れがある。

　生産技術と組織との関連ではJ.ウッドワードの研究[9]を嚆矢として知られる。ウッドワードは英国サウスエセックス地方の製造業100社を生産技術，組織構造，生産能率との関連について調査した。その結果，技術システムの低い次元の個別受注生産や技術システムの高次に発展した装置生産では，責任権限が明確でなく，権限が委譲され参加的決定が行われている有機的組織が有効であり，生産システムが中程度の大量生産方式では職務，責任権限が明確され，命令一元化に基づいた機械的組織が有効であることを実証した。C.ペローはウッドワードの研究を論理的に深化させて，仕事を進める過程で，既存の技術では適用できない例外が多いか少ないか，および例外が発生した場合，問題が論理的，分析的方法（ルーチン化）で解決できるか，非分析的（ノンルーチン）な方法に依存するかという例外の頻度と問題解決のルーチン化の程度の二次元を視点として技術の不確実性と組織との関連を分析した。坂下宣昭教授はペローの分析結果を総合的な図表に括めている[10]。それによれば，セル①（鉄鋼，ネジ，ボルト製造－例外頻度少ない・ルーチン的分析方法）では，技術スタッフやライン監督者の自由裁量の余地は少なく，両者の相互依存関係は低く，調整は主として計画に依存して組織特性は官僚制組織に似ている。セル②（重機械－例外頻度多い・ルーチン的分析方法）は技術スタッフの影響力が強く調整はフィードバックで行われ，技術スタッフとライン監督者の相互依存性は低く，組織全体の特性は集権的であるが，弾力性もある。セル③（特殊ガラス－例外頻度少ない・非分析的方法）では手工業であるから，ライン監督者の影響力が強

く，調整はフィードバックで行われ，組織は分権的である。セル④（宇宙航空産業－例外頻度多い・非分析的方法）は技術スタッフおよびライン監督者双方の力が強く，また両部門の相互依存性も高く，調整はフィードバックで行われ，組織全体の特性は多頭集権的である。ウッドワードの事例研究と同じように，技術が精緻に発展するに従って，集権的組織，官僚制組織が適合するように考えられる。

環境と組織との関連ではT. バーンズ＝G. M. ストーカーが英国の20社の事例研究[11]から生産技術や市場変化の激しい不安定な状況では有機的組織が，環境が安定した状況では機械的組織が有効であることを実証している。有機的組織とは成員の職務が明確に規定され，固定化されているわけではなく，全体的な状況の中で柔軟的に設定されるので，成員は多くの職務を経験し，多様な知識や情報を獲得することができ，調整や上司の権限よりも成員間の相互作用，水平的なコミュニケーション情報の共有化によって行われ，権限は分散し，上司の権限は相談的・助言的であるような組織特性をもつ。機械的組織は成員の職務，責任権限は特定の職位に付随し，明確化・細分化され，固定化し，統合や調整は上司を通じて行われ，垂直的なコミュニケーションが中心となり，業務遂行の技術的効率を追求した組織特性を有する。官僚制組織がこれに近い。

アメリカのP. R. ローレンス＝J. W. ローシュはバーンズの環境と組織の関連をさらに論理的に深化させ，製造部門，営業部門，研究開発部門という直面する環境の全く異なる三部門を対象に分化と統合という視点から，事例研究を行った[12]。製造部門は生産技術環境，営業部門は市場環境，技術開発部門は科学環境に直面している。そこで，これら三つの環境の不確実性の程度を①情報の不確実性，②因果関係の不確実性，③情報のフィードバックの時間幅によって測定し，組織の分化は①構造の公式性，②成員の対人志向性（仕事か人間関係か），③時間志向性（長期か短期か），④目標志向性（短期か長期か）の四つの特性によって測定される。この結果，環境の安定している製造部門は構造化の高い組織，時間，目標の志向は短期的であり，命令的リーダーシップが採用され，環境の不安定な研究開発部門では構造化の低い組織，時間および目標の志

向性は長期的であり，参加的リーダーシップが採用され，営業部門は製造部門と研究開発部門の中間的である場合に有効な組織であること，および統合の程度は統合の型（相互依存関係），統合の仕組み（統合担当者），統合のためのコンフリクト処理（協議，強制）によって測定され，環境が不安定なほど分化が進み，統合も高次元の手段が必要となり，分化と統合が進展している企業ほど高い業績を示している。

　知識創造論で国際的にも著名であり，早くから条件適合理論を研究した野中郁次郎教授は組織は情報処理機構であるという組織観に基づいて，製品市場における情報の不確実性と組織構造のあり方について，組織－市場の適合モデルを提唱している[13]。野中教授によれば，情報の不確実性は異質性と不安定性の二次元により分析し，異質性は情報源の数と各情報源に伝達する情報量，不安定性は情報の信頼性と情報フィードバックの時間幅によって測定される。組織は不確実性により生ずる情報や意思決定の負荷量を処理するに適合した情報処理機構を構築せねばならない。一般に条件適合理論では，情報の不確実が高い状況では有機的組織，情報の不確実性が低い状況では機械的組織が有効であるとされるが，野中教授によれば，情報の異質性が高い状況では情報処理負荷を削減するため水平的（事業部制やプロジェクトなど），垂直的な分化（下部への権限委譲）を促進するが，情報の不安定化は必ずしも分権的な有機的組織とは限らず，集権的，機械的組織も適合するとしている。

　これまで条件理論の代表的な提言を簡単に説明し，組織は状況によって異なることをみてきた。古典的理論では精緻で堅牢な組織構造が意図されていたため，今日の環境では不適合な面を多く有するが，新しい組織構造理論が不十分であったため，企業は成功企業の組織を流行のように模倣してきた傾向がある。組織の内部・外部の状況は変化するとともに複雑化しており，状況に適合した組織の構築は難しい課題であるが，条件適合理論は自社の状況特性を見出させば望ましい組織の構築が可能であることを示唆した。状況は変化するから，組織は柔構造になることや，同一企業組織の中でも業務によって直面する状況は異なるから，内部組織も一様ではないことなど，条件適合理論は望まし

い組織のあり方に多くの有益な示唆を与えている。反面，組織の決定要因として状況要因が多様であり，状況要因の選択が難しいという批判もある。このような問題点を克服するには，状況特性と組織との関係についてさらに多くの理論的，実証的研究の蓄積が必要となる。

注

1） Allen, L. A., *Management Organization,* McGraw-Hill, 1958, p. 57.
2） Brech, E. F. L., *Management, Pitman,* 1953.（植野郁太訳『マネジメント』有斐閣，1960年，148ページ。）
3） Koontz, H. and O'Donnell, *Principles of Management,* 1964.（大坪　檀訳『経営管理の原則』ダイヤモンド社，1970年，73～75ページ。）
4） Barnard, C. I., *The Functions of the Executive,* Harvard Business Press.（山本安次郎・田杉　競・飯野春樹訳『経営者の役割』ダイヤモンド社，1979年，170～172ページ。）
5） Follett, M. P., *Freedom and Co-ordination,* Pitman, 1949.（斉藤守生訳『フォレット経営管理の基礎』ダイヤモンド社，1963年，51～67ページ。）
6） 高宮　晋『経営組織論』ダイヤモンド社，1961年，120～121ページ。
7） Drucker, P. F., *Management,* Harper and Row, 1973, pp. 558-591.
8） Allen, L. A., *op. cit.*, pp. 253-261.
9） Woodward, J., *Industrial Organization,* Oxford Univ. Press, 1965.（矢島鈞次・中村寿雄訳『新しい企業組織』日本能率協会，1970年。）
10） 坂下昭宣『経営学の招待』白桃書房，2005年，107～111ページ。
野中郁次郎『経営管理』日本経済新聞社，1998年，36～38ページ。
11） Burns, T. and Stalker, G. M., *The Management of Innovation,* London Tavistock, 1961.
12） Lawrence, P. R. and Lorsch, J. W., *Organization and Environment,* 1967.（吉田　博訳『組織の条件適合理論』産業能率短期大学出版部，1977年。）
13） 野中郁次郎『経営管理』日本経済新聞社，1998年，38～45ページ。

（石山　伍夫）

第4章 リーダーシップ，モチベーション，コントロール

I リーダーシップ

1 リーダーシップ論の流れ

　経営管理者の機能は経営活動を展開する過程で，いろいろな手段によって影響力を行使して部下の業務に対する動機づけや集団凝集性を高めて，効率的な経営目標の達成を指揮することであるから，管理活動それ自体がリーダーシップを意味するが，一般にリーダーシップは部下や集団の活動を経営目的実現に向ける管理者の行う影響過程であるとされる。したがって，リーダーシップは組織階層のすべてのレベルの機能であるが，トップ・マネジメントとミドル，ロワーの管理者層とではリーダーシップのあり方が異なる。トップ・マネジメントは経営受託機能や全般管理機能を遂行する立場であるから，直接部下を指揮することよりも，企業全体を経営目的実現に向けるために行使する影響力が重要な課題となるが，中間管理者や下級管理者は与えられた枠組みの中で，担当する部門や集団の職務や目標を効率的に遂行できるように，部下に対して職場状況に適合した影響力を直接行使することであり，トップ・マネジメントのリーダーシップとは性格が異なる。リーダーシップ論は中間管理者，下級管理者を対象とした研究として発展してきたが，トップ層についての研究も行われるようになった。

リーダーシップの中心的概念は管理者の有する影響力である。管理者の影響力は①個人的属性としての資質（責任感，品性，知性，信頼性，決断力，判断力，説得力，人間的魅力など），②公式組織から与えられた権限（職務権限，人事評価権など）から生ずると考えられている。特にリーダーの資質は人を指揮する場合，非常に重要な条件となるため，当初，リーダーシップ論は優れたリーダーたちの資質を研究して，リーダーの具備すべき資質条件を考察する資質論として始められた。資質論は決して完全無欠な人間を要求しているわけではなく，2・3の資質が特に優れかつその資質が状況に適合したとき，優れたリーダーシップが発揮されるが，資質は生得的な能力であるため，普通の人間を教育によって偉大な資質のリーダーに育てることは難しい。このため，資質論は将来優れたリーダーに育つであろう人材の発見には有効であるが，有能なリーダーの資質条件を指摘するにとどまり，リーダーシップの理論を深化させることはできなかった。

資質論の限界から，リーダーシップの行動に焦点を当てた研究が行われ，一般に行動論と呼ばれる。普通の人でも，優れたリーダーの行動を学習すれば，優れたリーダーシップを発揮すると考えられ，多くの研究成果が発表された。行動論としてオハイオ州立大学，ミシガン大学，マネジアルグリッド，三隅二不二のPM理論などが知られている。これらの研究では，用語はそれぞれ異なるが，基本的にはリーダーシップ行動を仕事（タスク）志向と人間志向の二次元に基づいて理論を構築しているため行動二元論とも呼ばれている。仕事志向型行動は目標の設定，職務の明確化・配分，規則，手順，手続きなどの設定，コミュニケーションのあり方，業務達成度の測定，評価など仕事の組織化

図表 4－1　行動二元論

研　究	仕事志向	人間志向
オハイオ州立大学	構造づくり	配　慮
ミシガン大学	仕事志向	従業員志向
マネジアルグリッド	生産への関心	人への関心
PM理論	業績（P）	組織の維持（M）

第4章 リーダーシップ，モチベーション，コントロール

を図る行動である。人間志向型行動は相互信頼，意思疎通，相談，援助，公平性などにより良好な人間関係を促進する行動である。

　これらの研究は高い仕事志向型と高い人間関係志向型の組み合わせのリーダーシップスタイルが集団の生産性と部下の満足感ともに高いことを実証し，職場状況の相違にもかかわらず，両行動の組み合わせたリーダーシップスタイルが普遍的に有効であるとした。しかし，行動論は複雑な集団状況の中で単純な二次元モデルに基づいて論じたこと，また，状況の要因が欠落していたこと，その後の研究によって必ずしも二次元モデルが普遍的な一般理論とはならないことが実証された。しかし，行動論は資質論とは異なり優れたリーダーの行動を研究し，その行動を学習し自分のリーダーシップに活かすことが可能であることを示唆したばかりでなく，行動特性の精微化や状況要因の考察によってその後のリーダーシップ理論の深化に大きく貢献した。

　このように，リーダーシップの有効性は行動スタイルばかりでなく状況に依存する。状況は多数の要因によって影響されて変化するため，行動様式と職場状況が適合しないことが多く，すべての状況に適合するリーダーシップは存在せず，リーダーシップ論の研究は，行動と状況との適合関係の考察を不可欠とする条件適合理論（コンティンジェンシー理論）に基づいた状況理論に発展した。

　状況理論に基づいて多くのモデルが提示され，状況要因として採用される変数は論者によって異なる。F. E. フィードラーのモデルではLPC（Least Preferred Co worker）尺度を用いてリーダーシップスタイルを行動二元論と同じように人間志向型と仕事志向型と区分する。状況要因は，①リーダーとメンバーとの間の信頼関係の状況，②仕事の構造化の程度，③リーダーの職位上の権限の強さの三要因を採用し，この三要因を括めて状況好意性という総合概念を用いた。結論として状況好意性が高い状況（集団をコントロールできる程度が高い）と状況好意性が低い状況（非好意性，集団のコントロールが難しい）では，リーダーは積極的に指揮して仕事を行う仕事志向型が有効であり，状況好意性が中程度の状況では部下に配慮した人間志向型のリーダーシップが有効であることを実証した[1]。

P. ハーシー＝K. H. ブランチャードは状況要因を部下の成熟度という概念を使い，成熟度に応じたリーダーシップをSL理論（Situational Leadership Theory）として提唱した。成熟度は，①高い目標と挑戦意欲，②責任感の程度と能力，③教育や経験のレベルの総合的な概念であり，部下の仕事に対する習熟度を職務的成熟度と意欲の高さを示す心理的成熟度に区分し，部下の成熟度低い（二つの成熟度共に低いM1），成熟度中の下（心理的成熟度高い職務的成熟度低いM2），成熟度中の上（心理的成熟度下，職務的成熟度上M3），成熟度高い（二つの成熟度共に高いM4）の四つに区分し，M1の状況では指示的，M2では説得的，M3では参加的，M4では委任的なリーダーシップが有効であるとして，状況（成熟度）が変われば，適合するリーダーシップも異なることを実証した[2]。

図表4-2　リーダーシップのスタイル

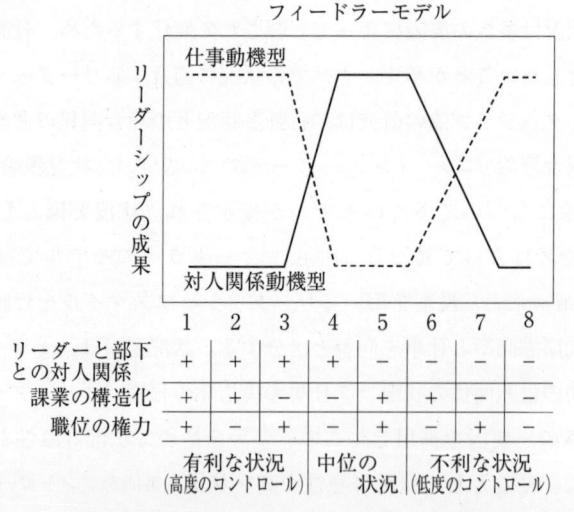

フィードラーモデル

	1	2	3	4	5	6	7	8
リーダーと部下との対人関係	＋	＋	＋	＋	－	－	－	－
課業の構造化	＋	＋	－	－	＋	＋	－	－
職位の権力	＋	－	＋	－	＋	－	＋	－

有利な状況（高度のコントロール）　中位の状況　不利な状況（低度のコントロール）

（出典）車戸　実編著『現代経営管理論』八千代出版，1993年，310ページ。

第4章　リーダーシップ，モチベーション，コントロール

図表4－3　ハーシー＝ブランチャードモデル

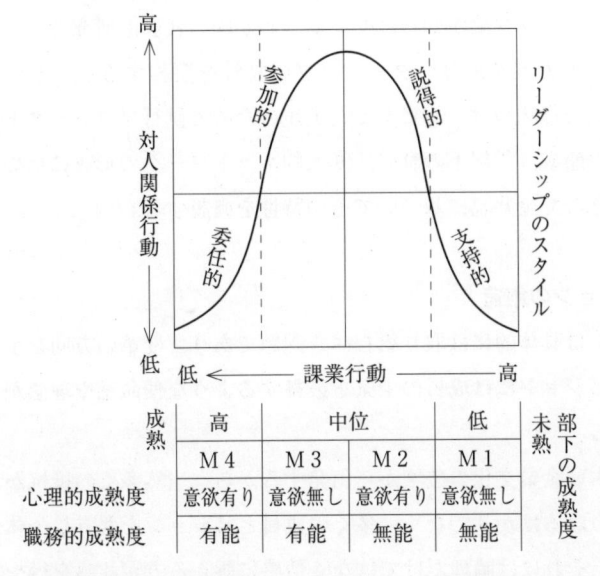

成熟	高	中位		低	未熟
	M4	M3	M2	M1	
心理的成熟度	意欲有り	意欲無し	意欲有り	意欲無し	
職務的成熟度	有能	有能	無能	無能	

（出典）車戸　実編著『現代経営管理論』八千代出版，1993年，311ページを一部修正。

2　変革的リーダーシップ論

　条件適合理論を含めて従来のリーダーシップ理論は職場状況を対象とした考察であった。しかし今日，経営が直面している課題は経営外部の環境から生じており，激しい外部環境の変化に経営をいかに適合させるか，そこでは，従来の企業文化，企業パラダイムを根幹から変化させる革新性が問われており，集団や部下の状況に適合したリーダーシップは日常業務の効率的遂行や問題解決には有効であっても外部環境との相互作用の中で生ずる変革の必要性に十分対応できるわけではない。変革は従来のやり方や考え方，仕事の枠組みの変更を求めるから，既存の状況に適合させるリーダーシップよりも既存の状況を根本から変革するリーダーシップが必要となる。このためには，従来の仕事志向か人間志向かという二次元理論に基づくリーダーシップ論では変革性に十分適合できないとして，1980年代変革型リーダーシップ，ビジョナリーリーダーシッ

プなど新しいリーダーシップ論が提唱されてきた。その代表的な研究として変革型リーダーシップ論が知られている。わが国の代表的研究者である金井寿宏教授が指摘した変革的リーダーシップの特性を要約すると，①ビジョンの創造，②変化の意味づけ，③ビジョン実現のための試行プロジェクトへの挑戦，④緊張感の醸成，⑤部下の育成，⑥人的ネットワークの形成に括めることができる[3]。そこで金井説に基づいてその特性を概説する。

（1）ビジョンの創造

　ビジョンは具体的には取り組むべき課題であり，変革の方向を示すものである。そのビジョンには成員の士気を鼓舞するような使命感や理念が含むことも重要である。

　変革は古い企業文化の破壊から出発するから，当然多くの抵抗があり，その抵抗を和らげるばかりでなく，多くの成員とビジョンを共有し一体化を図る必要があり，それには論理だけではなく情感に訴える方が共感を得やすい。

（2）変化の意味づけ

　外部環境がどのように変化していくのか，その変化が自社にどのような意味をもっているかを探索し，ビジョンの正当性と必然性を明確にすることである。その環境変化に関する洞察の裏づけによって，ビジョンは正当性をもち成員に説得力をもつ。ただし，環境変化の意味づけが独善的であってはならないから，多くの人々の意見を参考にするため，幅広い人的ネットワークを構築しておくことが重要である。自分と異なった環境に直面している人々は自分とは異なった意見やアイデアを有しているから，人的ネットワークから得た情報によって自分独自のアイデアを修正し充実させ，ビジョンとして形成する。

（3）変革的試行プロジェクトの設置

　企業の根幹を変革するための高い目標を設定したプロジェクトを立ち上げる。成員にはプロジェクトへの挑戦を奨励し援助すると共に，変革成功のため

の条件を探索する。試行プロジェクトは学習プロジェクトでもあるから、プロセスでは試行錯誤を繰り返しながらも、結果的には成功せねばならない。成功体験が重要である。成功体験が組織成員の考え方や行動に影響を与え、新しい企業文化、企業風土の形成を可能にする。

(4) 緊張感の醸成

プロジェクトを成功させるには、高い目標を設定し、チーム内に既存の仕組みやパラダイムでは処理できない「ゆらぎ」を与え、チームメンバーに課題解決のために、高い緊張感を醸成する必要がある。わが国企業における新製品や新技術の開発の成功例はゆらぎによる緊張感と高い挑戦意欲であったことはよく知られている。高い目標に対する挑戦意欲と緊張感が多様な情報を鋭敏に嗅ぎ取り、問題解決のアイデアを創り出す力となるからであろう。

(5) 部下の育成

変革を目指す成員が不確実性と緊張感の中で、継続的に高い挑戦意欲を保持するには、心身共に頑健であり忍耐力のある人物でなければならない。資質が生得的に変革に適合した人物も存在するが、一般的には極く普通の人物を変革の推進力となるような人物に育成することになる。しかし、育成には時間がかかるから、育成のための仕組みを構築しておくことが重要な条件となろう。

(6) 人的ネットワークの形成

変革的な課題を解決するには、部外の人々の協力が不可欠である。金井教授が実証研究から変革的リーダーは一般のリーダーよりも部外の人々との相互作用が多いと指摘されているように、既存の枠組みでは対処できない課題に挑戦するには、多面的な人的ネットワークの存在が不可欠である。人的ネットワークはビジョンの形成にも必要であるが、ビジョンの実行段階では多くの部外の人々との相互作用が生じ、その相互作用の行方がプロジェクトの成功に大きな影響を与えるから、変革に好意的な人的ネットワークを形成し、その人々を巻

き込むことが成功の鍵となる。人々を巻き込む力はリーダーのカリスマ性と行動の勢いである。リーダーのカリスマ性は他の人々の認知的判断によって付与されるものである。坂下昭宣教授はカリスマ性として認知されやすい人的特性として，遠大な理念，崇高な正義感，使命感，強い信念，自信などの気質を，状況特性として危機，緊急時，変革期を指摘されている[4]。さらに加うるならば，リーダーの勢いである。リーダーの勢いは多分に強い使命感や自信，信念によって裏づけられていると思われるが，ことにあたって他を圧倒するだけの勢いがあるからこそ人々を巻き込み集団凝集性を高めることが可能となる。

変革的リーダーシップに代表される新しいリーダーシップ論は共通してビジョンの創出とその実現を重視するタスク志向型であるが，高い不確実な状況と緊張感の中で挑戦意欲を持続するには，人間的思考や配慮も不可欠である。金井教授も指摘しているように，新しいリーダーシップ論においても仕事志向と人間志向の二次元的思考は有効であり，両志向の相乗効果によってこそ変革は可能となると思われる。

II　モチベーション

組織成員は組織の中で一定の役割を担い，経営目的実現に向けて積極的に貢献しようとするが，現実には，さまざまな原因により，必ずしも意図しているほどの努力も成果も実現できない。そこで，管理者は貢献意欲を持続的に維持するように成員を動機づける重要な機能を果たさねばならない。モチベーションは重要な管理機能として早くから注目されていたが，古典的管理論では経済的欲求を求める経済人仮説，初期人間関係論では社会的欲求を求める社会人仮説が動機づけと考えられ，理論的な研究は進展しなかった。

しかし，バーナードの組織均衡論はモチベーション理論といわれるように，貢献に対する誘因の大きさが組織存続の基本的条件とし，能率性を成員の個人的欲求の満足度を示す概念として動機づけ要因を組織理論の中心に位置づけた。誘因は経済的報酬と非経済的報酬で構成され，多様な個人的欲求を充足し

て成員の貢献意欲（組織への参加意欲）を引き出す動機づけ要因である。

モチベーションの課題は個人によって異なる多様な欲求を発見し，欲求充足の誘因を準備することにある。この準備は経済的，非経済的な報酬にとどまらず，職務設計，リーダーシップスタイル，権限の配分，人事評価などの変更を要請する経営政策の課題となった。モチベーション理論の研究は比較的新しく，心理学の研究成果に基づいて進展し，いくつかのバリエーションがあるが，欲求理論，期待理論，X・Y理論について述べる。

1 欲求理論

欲求理論は欲求の実態的研究であり，A. H. マズローの欲求階層説やF. ハーズバーグの欲求二元論などが知られている。マズローは欲求の種類を①生理的欲求，②安全欲求，③社会的欲求，④尊厳欲求，⑤自己実現欲求に分類し，これらの欲求は階層を成し，個人の欲求充足は低次欲求が充足された後に，より高次の欲求充足へと順次移行するとされる。この欲求階層説は低次欲求から高次欲求への段階的移行の誤り，経済欲求の軽視，賃金抑制論などの批判を受けたが，豊かな社会に発展するに従って，社会的，尊厳的，自己実現などの高次欲求の充足が重要性を増すことを指摘し，高次欲求充足のための経営政策導入の必要性を示唆した。しかし，欲求の類型化にとどまり，欲求の充足がモチベーションとどのように結びつくかその過程が不明である。

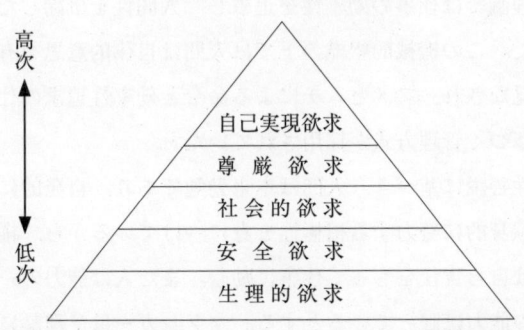

図表 4 － 4　欲求の階層

（ピラミッド図：高次←→低次
自己実現欲求
尊厳欲求
社会的欲求
安全欲求
生理的欲求）

ハーズバーグの欲求二元論では欲求を動機づけ要因と衛生要因に類型化して，それぞれの要因では動機づけ効果に相違があると主張する。動機づけ要因は達成感，職務の内容，業績の承認，重い責任など仕事を通じて得られる満足感（内的報酬）である。これらの満足感は自己の成長，自己実現をもたらし長期に持続され，モラール（勤労意欲，貢献意欲）を高める。しかし，衛生要因は管理政策，監督，対人関係，給与，作業条件など職場環境に起因する満足感（外的報酬）である。この満足感は一時的なものであって持続せず，不満足に変化する可能性があり，真の動機づけ要因にはならないとする。この二元論に基づき，内的報酬を高める動機づけ要因を強化する必要性が主張され，動機づけ要因の強化施策として職務拡大や職務充実などの職務設計が生み出された。マズローの欲求段階説とは異なり，二元論は欲求を動機づけの観点から二元的に類型化して，仕事内容の充実を意図した職務設計まで発展させ，モチベーション理論の深化と方向性を示唆した貢献は高く評価される。

2　X理論Y理論

　X・Y理論はD.マグレガーによって提唱され，人間を性悪説，性善説の二つの人間観に基づいて類型化したモチベーション理論である。X理論では性悪説に基づき，人間は元来怠惰で消極的で勤勉を嫌い，強制されなければ仕事をしないから，仕事の仕組みや手順，役割を明確にして，厳重な管理，監督の下で命令と賞罰の専制的リーダーシップにより統率するという管理方式を採用する。古典的管理論では仕事の効率性を追求し，人間性を排除した機械的組織が想定されていた。この機械的組織の下では人間は自律的意思を有しない道具化した働き手と見なされ，アメとムチによる命令と効率性追求の仕組みで仕事を行うX理論に基づく管理方式が採用されていた。

　Y理論では性善説に基づき，人間は本来勤勉であり，自発的に仕事を行い，報酬次第では献身的に努力する積極性を身につけているから，権限を委譲し，仕事を任せれば自ら責任をもって仕事に励む。また人は能力の一部を使っているだけで多くの能力は眠っているとする。マグレガーはY理論に基づいて自立

的,積極的な人間観を前提として,組織目的の実現と個人的欲求の充足の統合が可能となるように自主管理,参加制度,能力開発,管理者のリーダーシップ訓練などの管理方式を提唱した。

3 期待理論

期待理論は業績や報酬に対する主観的期待が貢献行動に結びつく過程を扱い,モチベーション理論の中では最も精緻な理論とされ,E. C. トールマンやK. レヴィンによって提唱されて以来,多くの研究者が研究成果を発表しており,代表的なモデルとしてL. W. ポーター＝E. E. ローラーモデルが知られている[5]。期待理論では一般に,

① 努力すれば報酬が得られると期待する。
② 報酬の価値は個人的主観によって異なる。
③ 報酬の価値は報酬の期待と報酬の魅力度の積によって決定される。この積を有意性という。有意性は以下の式で示される。

　　　有意性＝期待報酬×期待報酬の魅力度

④ 報酬の魅力度は個人の知覚と分配上の公平性によって決定される。

しかし,ポーター＝ローラーモデルではさらに理論を深化させ,

① 貢献意欲を決定する期待は㋑努力すれば業績が向上するであろうという主観的期待,㋺業績が向上すれば報酬が得られるであろうという主観的期待の二段階に区分される。したがって報酬がどんなに魅力的であっても努力によって業績の向上が期待できないと予想される場合や業績が上がっても与えられる報酬に魅力がない場合,貢献意欲は生じない。貢献意欲は次の式で示される。

　　　貢献意欲＝（努力E→業績P）×（業績P→報酬R）×有意性

② 二つの期待は職場での経験,観察,情報に基づいて主観的に決定される。
③ 個人的能力の欠如,職務に対する理解不足,その他状況要因によって努力は必ずしも業績に結びつかない。

④　努力により業績が向上し，報酬が得られても，満足度はその報酬に対する期待水準と実際報酬との比較によって決定される。したがって，報酬が満足を与えるのは，実際の報酬が期待水準と同等か超える場合であり，期待水準以下の場合には不満足を生ずる。

⑤　報酬には給与，賞与，昇進，受賞などの外的報酬ばかりでなく，満足感，達成感，充実感，自己成長などの内的報酬も含まれる。したがって，報酬の魅力度は水準だけではなく種類によっても異なる。

期待理論は業績や報酬に対する主観確率に基づき，貢献意欲－業績－報酬－満足（不満足）までの過程を認知論的プロセスとしてとらえ，複雑なモチベーションを理論化した貢献は高く評価されている。反面，期待理論，欲求理論共に個人的欲求の満足による個人的なモチベーション理論であり，そこでは，個人的欲求と内的，外的報酬をどのように適合させるかや，業績主義に基づく昇給，昇進の人事政策，能力開発，教育訓練などの諸政策の導入が課題となる。

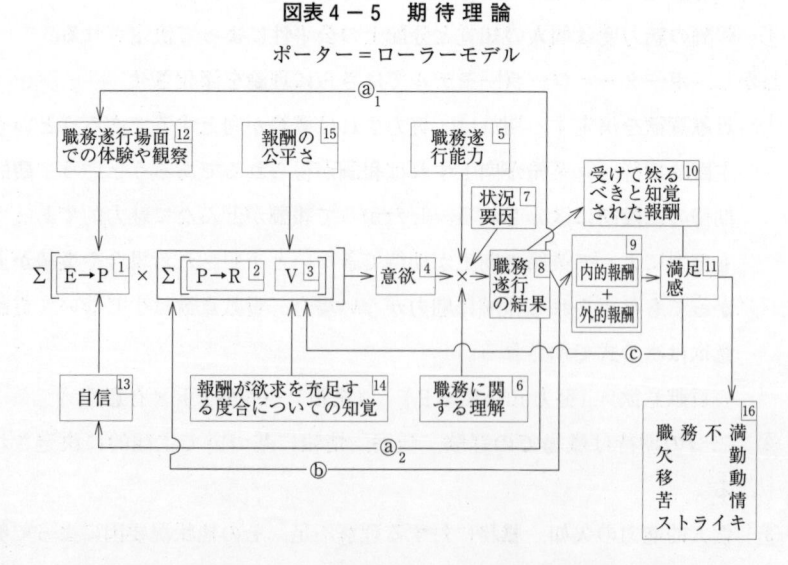

図表4－5　期待理論

ポーター＝ローラーモデル

（出所）　車戸　実編著『現代経営管理理論』八千代出版，1993年，283ページ。

4 集団モチベーション

　組織活動は集団活動であり，集団内の相互作用や一体感が集団の効率に大きな影響を与えることから，集団のモチベーションを向上させる施策が必要となる。バーナードは組織均衡論で個人的欲求の充足と組織人格としての組織目標の充足とを統合し，人間関係論では集団内の社会的相互作用が組織目的達成のモチベーションの鍵であるとして，個人的モチベーションとは別に集団モチベーションの存在と重要性を示唆していた。

　組織目的は個人の目標とは異なるが，個人の組織や集団への一体化が進展するに従って組織忠誠心を高め，個人は組織や集団の目標，規範，価値観を受け入れ，自己に内面化して貢献意慾を高める。J. G. マーチ＝ H. A. サイモンによれば，一体化を規定する要因として①集団の威信，②集団目標の共有感，③成員間の相互作用の頻度，④集団内で満たされる個人的欲求の数，⑤成員間の競争量の少なさ，これらの五つの条件を備えている集団では成員の組織一体化が進み，個人目標と組織目標は近くなり，組織目的実現に対する貢献意欲は強化されると主張した[6]。この一体化理論に基づけば組織，集団モチベーションを強化するにはこの五つの一体化要因を操作することにある。

　しかし，これらの一体化要因は結局組織風土や組織文化を形成する要因に関連する。組織風土は経営理念，経営方針，組織構造，リーダーシップスタイル，管理方式，報酬制度，組織内の相互作用などから形成される組織独自の個性に対する主観的知覚であり，具体的にはあの会社は「革新的」「技術志向」「紳士的」「官僚的」「金太郎アメ」などと呼ばれる例である。組織風土は一見とらえようのない組織内環境であるが，個人や集団の考え方，判断，態度，行動様式に影響を与え，成員を同質化させ一体化を促進して集団のモチベーション効果を高めると考えられている。

　しかし，風土形成要因－組織風土－集団凝集性－モチベーション－業績のプロセスが不明なため，モチベーション理論としては不十分であるが，「金太郎アメ」と呼ばれる著名な企業がわが国を代表する高業績企業であることからすれば，同質化，一体化から生ずる集団凝集力の効果は実証されているようにも

思われる。

　組織風土は強固に確立されると長期にわたって固定化し，企業の性格を規定する。環境に適合した組織風土は他社にはすぐには真似のできない強力な差別化要因となり，競争優位の条件となる。反面，組織風土が環境不適合になっても柔軟な思考ができない集団思考症候群（group think syndrome）に陥り，チェック機能が機能せず，軌道修正が困難となることもある。このため，同質化，一体化が必ずしも業績と直結しないという見解もある。したがって，経営者は組織風土の環境適合性を常に監視する必要がある。新しい組織風土の形成は企業の根幹を変革することとなるため，シンボリック・マネージャー（組織風土や文化の形成，維持を推進する管理者）や変革型リーダーの役割が重要となろう。

Ⅲ　コントロール

　コントロールは経営活動の結果発見された問題点を事後的に是正することであるが，実績の評価基準は標準（計画）であるから，コントロールは計画と不可分の機能である。計画はもともと統制機能における標準の設定（多くはオペレーショナルな標準）より発展しており，統制機能に含められていた。コントロールが管理と同意義に使用されるのはこのためである。コントロールは差異原因の是正策を次の計画設定や意思決定に組み込み経営管理の循環過程を形成し，管理機能の継続性を担う重要な機能を有する。しかし，規模の拡大，複雑化に伴い，事後是正の限界が目立ち，事前を本質とする計画や意思決定の重要性が増大するに従って，コントロールは軽視される傾向にあるが，激しい環境変化と不確実性に直面している現代経営では，活動が計画や意思決定通りには実施できないことが多く，コントロールはますます重要な機能となっている。

　コントロールは経営活動の実績が標準（計画，目的）からの逸脱を防止するために

　① 標準の設定と実績の測定

第4章 リーダーシップ，モチベーション，コントロール

② 標準と実績との比較および差異分析
③ 差異原因の究明と是正措置

の一連の過程である。標準は生産，販売，その他各種の計画，利益管理，資金管理，原価管理などの会計的数値，品質管理，作業標準，在庫管理などの数量的標準，規則，手続き，目標管理などの定性的基準を含み，経営諸活動の行動基準，評価基準である。実績は設定された標準に対応する会計的報告書，その他の各種報告書に基づいて収集される。標準も実績も分析や判断を容易にするため数値的表示が好ましく，サービス関連では苦情件数，安全面では事故件数，モラールでは欠勤率，離職率などのように代理変数が使用されている。数値的標準は許容範囲を設定しやすく是正措置の必要度について判断を容易する。標準と実績との差異分析は利益計画，資金計画を内容とする予算差異分析，原価差異分析などの数値分析だけでなく方針，規則，各種行動原則，関連法などの遵守状況を調査する。

近年，企業活動には法規遵守ばかりでなく社会責任行動も強く求められている。差異の原因究明では標準設定や意思決定の問題か実施上の問題か，管理可能か，管理不能の問題か，責任の所在はどこかなど多面的に検討される。原因の是正措置では，長期か短期か，資金負担，技術上の課題，組織，制度，労務，社会，環境など課題別にその特性を整理して次の計画策定や意思決定に組み込む。

コントロールは直接には各階層の管理者によるリーダーシップの中で行われるが，権限が委譲されているうえに，業務活動は日々動いているため，業務の実態を直接追跡することは難しく，現代経営では一般に間接管理を重視する。経営計画の実行プログラムである年間予算や予算に組み込まれた資本利益率，売上高利益率，原価率，市場占有率など数値的指標が統制手段として重視されるのは，これらの数値的指標が間接管理の典型的手段を提供するからである。通常，経営活動は資金（資本）の循環過程に投影されるため，経営上望ましい予算を編成し，活動を予算通りに実施すれば，自ずから経営上好ましい結果を実現できることから，実際には人（活動）を予算で縛り，原因究明と是正策は

本人任せとして，責任だけは追及することも行われている。しかし，コントロールの本質は組織的，計画的な原因究明や是正措置を行い，組織成員の活動を経営目的の達成に誘導することである。

適切なコントロールを行うための要件としてH. クーンツ＝C. オドンネルは次の項目を指摘している[7]。

① コントロールは行為の性質や必要を反映したものでなければならない（業務の内容に即したものであること）。
② コントロールによって逸脱が迅速に報告されねばならない。
③ コントロールは前向きのものでなければならない（逸脱を事前に探知して，問題発生以前に是正措置を講ずること）。
④ コントロールによって戦略ポイントにある例外事項を指摘できなければならない（重要な意味をもつ例外事項を識別し，指摘すること）。
⑤ コントロールは客観的でなければならない（客観的数値的基準によって評価すること）。
⑥ コントロールは弾力的でなければならない。
⑦ コントロールは組織パターンを反映したものでなければならない（職務と権限に見合ったコントロールであること）。
⑧ コントロールは経済的でなければならない。
⑨ コントロールは理解されねばならない（分析資料や図表は理解容易であること）。
⑩ コントロールは是正措置を示すものでなければならない。

これらはコントロールの経験から得た実践上の要件であり，コントロールの①事後的措置，②他成員（活動）の評価，③是正措置という本質を踏まえ，迅速かつ効果的なコントロールを確保する条件である。

経営活動の結果が標準を逸脱する原因は経常的活動の些細な原因から経営の基本構造に関わる原因，市場，技術，社会などの外部環境の変化から生ずる原因など多様である。したがって，問題によっては是正措置は経営上層部の意思決定の変更や長期的是正を必要とする。しかし，コントロールは事後的処理で

第4章 リーダーシップ，モチベーション，コントロール

あるから，情報の収集分析に時間を費やしていては手遅れとなる可能性も高い。

近年，情報システムのIT化により，情報伝達のスピードは飛躍的に短縮化され，また，質量共に向上した。経営活動は具体的には他の成員との相互作用として行われており，是正策の実施が他の成員の活動にも影響するから他の成員にとって現状を改善する必要のない場合には，是正措置による影響について，相手の理解や協力は不可欠となる。文字や図表による情報伝達だけでは，受け手の理解や協力を得られないことも多く，対面的コミュニケーションの重要性が再認識されている。

自分の担当する業務に関する問題点や是正措置について成員は熟知していても，個人的認識が集団や組織の認識として形成されないため，アクションに手間取ることも多い。コントロールは計画，権限，リーダーシップなどを通じて実施されるが，事後的是正であるため，コントロールの正否はフィードバック情報とアクションのスピードにあると思われる。

注

1) Fiedler, F. E., *A theory of Leadership Effectiveness*, New York, McGraw-Hill, 1967.（山田雄一監訳『新しい管理者像の探究』産業能率短期大学出版部，1970年。）

2) Hersey, P. and Blanchard, K. H., *Management of Organizational Behavior*, Prentice-Hall.（山本成二他訳『行動科学の展開』日本生産性本部，1978年。）

3) 金井寿宏『経営組織』日本経済新聞社，2000年，100〜103ページ。

4) 坂下昭宣『経営額への招待』白桃書房，1992年，255〜256ページ。

5) Porter, L. W. and Lawler, E. E. Ⅲ., *Managerial Attitudes and Performance*. R. D. Irwin, 1968, p. 164. Lawler, E. E. Ⅲ, *Pay and Organizational Effectiveness*, McGraw-Hill, 1971.（安藤瑞夫訳『給与と組織効率』ダイヤモンド社，1972年，150，376ページ。）

6) March, J. G. and Simon, H. A., *Organizations*, John Wiley & Sons, 1958.（土屋守章訳『オーガニゼーションズ』ダイヤモンド社，1977年，101〜103ページ。）

7) Koontz, H. and O'Donnell C.,*The Principles of Management*, New York, McGraw-Hill,

1959, pp. 586-590.

(石山　伍夫)

第5章
企業成長戦略としてのM&A（合併・買収）

I 問題の所在

　急速に進んでいる市場開放により国家間の垣根はなくなりつつあり，企業の競争相手は国内だけでなく世界に拡大している。このような環境の中で企業は成長や競争力の確保のための手段として合併・買収（merger & acquisition）を活用している。企業は競争の中で生き残りのため，また成長し続けるため自己革新としてリストラクチャリング（restructuring, 事業再構築）をしなければならず，その過程における重要な企業戦略の一つがM&Aである。

　企業のM&Aは企業戦略における外部成長方式（external growth）の選択を意味し，企業の自己拡張または新規投資を含む内部成長方式（internal growth）に対比される。個別企業の経営史においても，また特定国の企業の形成および発展の段階においても，合併などによる外部成長が主要な役割を演じている場合と，反対に内部成長が主要な成長方式として選択されている場合，および両者が混在している場合があり，企業行動の比較，特に国際比較において成長方式の相違は興味ある研究課題の一つである[1]。

　企業は経営環境に迅速に適応・対応することによって成長が可能であり，環境を客観的に把握し，それに適合した戦略を選択する必要がある。その経営戦略の中でここでは企業の外部成長方式の主な戦略であるM&Aについて，その

概念を明らかにし,日本におけるM＆Aの現状と課題を検討してみることにしたい。

Ⅱ M＆Aの基本的概念

M＆Aは企業の合併と買収を意味し,それは①二つ以上の企業が一つに統合され単一企業になる企業合併（merger）と,②一つの企業が他の企業の資産や株式の取得を通じて経営権を獲得する企業買収（acquisition）が結合された概念であり,企業の外部成長方式を追求する主要な形態である。広義のM＆Aは,株式や資産の買収だけでなく事業部門や生産設備の一部または全部を売却（divestiture）することも含むものであり[2],また所有支配という関係の伴わない業務・資本などの提携（alliance）をも含む概念として使われている。

1　M＆Aの目的

M＆Aの目的としては,将来の成長性を確保するために事業再構築を行うことであり,それによって企業の価値を向上させることである。売却する側の目的としては,経営の効率化や,中小企業の場合は,後継者問題などもある。

M＆Aのもう一つの目的は,短期的に企業を成長させることである。企業は製品や市場の開発のために多角化を図るが,自社で新分野や新市場に経営資源を投入して成長を図るよりも,他の既存の企業を買収することにより,新規市場や製品分野に小さなリスクで迅速に参入することができ,企業成長を図ることができる。しかし,M＆Aを通じて企業の価値を増大させることに関して米国での多くの研究結果によれば,買手企業の買収後の株価が買収前を下回るケースが多く,企業買収は一般に,買手企業に企業価値の増加をもたらしていないとされる。このような結果が生じる理由を考えてみると,買収前の問題と,買収後の問題の二つに分けられる。M＆Aの成功には,買収相手の慎重で戦略的な選択,買収額の妥当性,統合過程で企業価値を実現することが不可欠である[3]。

第5章　企業成長戦略としてのM＆A（合併・買収）

　M＆Aなどを通じて規模拡大を図り，成長を目指したところ，新たな問題や経営環境の変化に対応するため事業の分離や売却など規模の縮小も行われる。これは経営環境の変化を適切に把握し，中長期的な経営戦略に基づいて，実施すべき事業・組織などの経営のあり方を見直すリストラクチャリングである。企業においてリストラクチャリングは経営革新の一環であり，企業のすべての分野に適用される。

　リストラクチャリングを推進するためには，企業戦略として戦略部門とそうでない部門とを明確に分け，後者であれば現在利益が出ていてもあえてそれを切るくらいの「戦略的な」意思決定が求められている。リストラクチャリングが既存の事業部門を土台にしながら新しい事業部門を取り込み，企業として成長していく戦略的な方法であるとすれば，その方向としては，企業の内部でいわゆる経営資源を配分しつつ，新しい事業部門の可能性を探っていくか，企業の外部資源を利用して，それを企業内に取り込んでいくかである。それを今日的に表現すれば前者の方法としては社内ベンチャーや分社形態が注目されることになるし，後者の方法としてはM＆Aが典型的であるということになるであろう[4]。

2　M＆Aの分類

　M＆Aの類型や形態にはいろいろな種類があり，取引の形態，取引の意思，結合形態などによって次のように分類される。

(1) 取引形態による分類

1) 合併：a．二つ以上の合併企業の中で一つの企業だけが合併後に存続企業として存続し，残りの合併当事企業は消滅企業として存続企業に合併される吸収合併や，b．すべての合併当事企業が解散して新たに企業が設立される新設合併がある。
2) 買収：a．企業の営業の一部または全部を譲渡する営業譲渡，b．企業の株式を買収し経営権を獲得または強化する株式取得，c．企業の資産の

一部または全部を取得する資産取得などがある。

（2）取引の意思による分類

1) 友好的M＆A（friendly M&A）：合併・買収を進めようとする企業の合併・買収活動が被買収企業経営陣の同意の下に友好的に進められ，相互の協議によって合併・買収条件などが決められるM＆Aである。
2) 敵対的M＆A（hostile M&A）：合併・買収企業が被合併・買収企業の経営陣の同意なしで，または反対しているにもかかわらず強行的な手段（TOB・有価証券の公開買付などにより）で被合併・買収企業を合併・買収するM＆Aである。
3) 中立的M＆A：被合併・買収企業の経営陣がM＆Aに対して積極的な賛成や反対意思を示さないM＆Aである。

（3）結合形態による分類

1) 水平的M＆A（horizontal M&A）：同種の産業内で同一の事業活動を遂行している企業間の結合が水平的M＆Aであり，市場占有率の拡大，販売力の強化または規模の経済（economy of scale，各種生産要素の投入量を増やすことによって利益を大きくすること）を達成することを目的として行われる。
2) 垂直的M＆A（vertical M&A）：同一産業内に属するが，生産・流通活動の前後段階の企業間で行われるM＆Aであり，製造企業が製品の安定的な販売のための販売先企業を，または原材料の安定的な供給のための原材料供給企業を買収することなどがあげられる。
3) 多角的M＆A（versatile M&A）：相互に関連性がない事業内容をもつ企業間の結合であり，業務の多角化，新規事業への進出，資金調達の強化，企業再構成などの目的で行われる。なお公正取引委員会では，水平型，垂直型，混合型の三つに分類し，この場合混合型は水平・垂直型以外の合併を指すものとしている。

（4）結合主体による分類

1) 国内M＆A：国内企業同士のM＆Aであるin-in型。
2) 国際M＆A：ａ．国内企業が海外企業に対して行うM＆Aであるin-out型，ｂ．海外企業が国内企業に対するM＆Aであるout-in型，ｃ．海外企業同士のM＆Aであるout-out型がある。いずれにしても本社所在地が国籍に該当する。

3　M＆A後の問題

　企業はM＆A実行後のマネジメントにおいて，統合プロセスがM＆Aの成否を左右する重要な要素であり，文化の統合が最も重要であるとの研究結果などがある。

　合併の成功と失敗の原因に関する研究は数多く行われているわけではないが，研究の大部分は戦略上のフィット，すなわち合併しようとする双方の企業の製品，技術，市場などの相互関連性に焦点を当てているようである。相互関連性ないしシナジー（synergy）の強い企業同士が通常，関連性の弱い企業同士の場合よりも合併によって高い業績を上げていること，および失敗は，パートナーの選択の誤り，すなわち合併前のパートナーの潜在能力，資産の分析や評価が不十分であったことに起因するとしている[5]。なおシナジーとは，新しい技術や経営管理手法が外部から導入され，それが自社の経営資源と組み合わされることによって，相乗効果（synergy effect）が得られる。

　実行したM＆Aが企業価値の増大につながっていくかどうかは，このM＆A後の組織統合の巧拙で左右される。このプロセスを適切にマネジメントするには，高度の管理技法が必要であり，第一は，買収企業は被買収企業をよく洞察することである。その組織と人材の特徴，そして強みと弱みについて，時間をかけて調査していかなければならない。第二は，買収企業は，組織統合プロセスの中で，誠実に，慎重に，そして十分な被買収企業の人材に対する対応を重ねることである[6]。

　M＆Aの場合には自社が必要とするさまざまな経営資源の獲得や市場の拡大

を短期間のうちに達成できるという時間短縮効果が大きいメリットであり，この点は内部開発や海外市場への新規投資による成長戦略と異なる点である。しかし，外部の企業を自社内部に取り込むことで，組織統合上の新たなコストの存在も認識することが必要である[7]。

Ⅲ 日本におけるM＆A

　一般に，日本の多くの企業において1980年代後半における事業多角化（総合化）から1990年代後半における事業再編（選択と集中）へと，経営上の方針やキーワードが変化しているようにみられ，これは日本の企業部門全体を取り巻く環境が大きな変化を遂げていることを示している。その変化とは，企業の競争力にとって重要な経営資源の内容の変化，企業の経営目標の変化，時間（スピード）概念の重要性に対する認識の高まり，会社組織再編を容易にする法制度の整備，財政的支援者としての投資ファンドの出現等である，と経済財政白書（2003）は分析している。日本企業も自由化とグローバリゼーションの進展の中で，生き残りと成長のためにM＆Aによる大規模化が避けられない戦略的選択となっている。

1　近年のM＆Aの動向

　日本における企業の合併・買収に関して，一定の規模を超える企業が合併，分割または営業譲受け等を行う場合には，それぞれ独占禁止法の規定により，公正取引委員会に届け出なければならない（だだし，親子企業間および兄弟企業間の合併，分割および営業譲受け等については届出が不必要である）[8]。

　公正取引員会は，合併，分割，営業譲受け等により一定の取引分野における競争を実質的に制限することになるか，または当該行為が不公正な取引方法によるものであるかについて調査を行っており，前者については，個々のケースごとに，当事企業の地位，市場の状況等を総合的に勘案して判断している。

　公正取引委員会年次報告（2003）によると，2002年度において，届出を受理

第5章 企業成長戦略としてのM&A（合併・買収）

した件数は，合併の届出は112件，分割の届出は21件，営業譲受け等の届出は197件であり，総資産額別・態様別・業種別・形態別にみると次の通りである。

まず，総資産額別にみると，①合併は総資産100億円以上500億円未満が42件（全体の37.5%）と最も多く，以下，1,000億円以上が29件（同25.9%），10億円以上50億円未満が15件（同13.4%）と続いており，②分割は，総資産1,000億円以上の共同新設分割（同じ事業を行っている複数の企業が，当該事業を分割して，新しい企業を共同で設立するもの）が3件（全体の60.0%），100億円以上500億円未満の共同新設分割が2件（同40.0%）となっており，総資産100億円以上500億円未満の吸収分割（既存の企業が分割する企業の営業を継承する分割）が5件（全体の31.3%）と最も多く，以下，1,000億円以上と500億円以上1,000億円未満の吸収分割がそれぞれ3件（それぞれ全体の18.8%）と続き，③営業譲受け等においては，総資産100億円以上500億円未満が65件（33.0%）と最も多く，以下，1,000億円以上が48件（同24.4%），10億円以上50億円未満が32件（同16.2%）と続いている。

態様別には，①合併については，新設合併はなく，すべてが吸収合併であり，②分割につては，総数21件のうち，5件が共同新設分割，16件が吸収分割であり，③営業譲受け等については，総数197件のうち，190件が営業譲受け，7件が営業上固定資産の譲受けであった。

業種別にみると，①合併は卸・小売業が26件（全体の23.2%），製造業が25件（同22.3%）と多く，以下，サービス業が22件（同19.6%），金融・保険業16件（同14.3%）と続き，②分割は，製造業が15件（全体の71.4%）と最も多く，③営業譲受け等においては，製造業が65件（同33.0%），卸・小売業が55件（全体の27.9%）と多く，サビース業が30件（同15.2%）と続いている。

形態別には，①合併は181件（消滅企業数でみた件数）であり，そのうち水平関係が107件（全体の59.1%）と最も多く，以下，混合関係64件（同35.4%），垂直関係10件（同5.5%）と続いており，②分割は24件（届出企業数でみた件数）であり，そのうち水平関係が12件（全体の50.0%）で最も多く，以下，垂直関係が7件（29.2%），混合関係5件（同20.8%）と続き，③営業譲受け等の件数

図表5-1　1985年以降のマーケット別M&A件数の推移

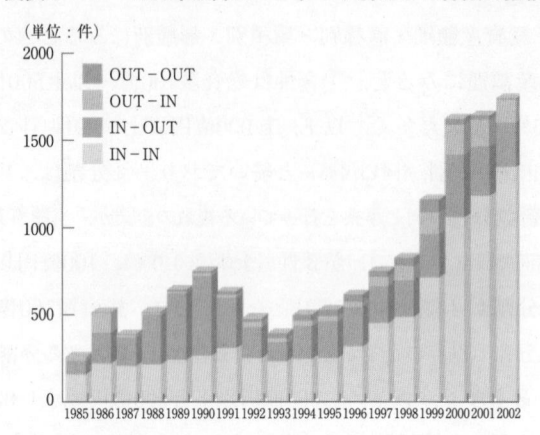

(単位：件)

（注）「データの見方」
　　　OUT-OUT：日本企業が海外で買収した企業が関わるM&A
　　　OUT-IN：外国企業による日本企業へのM&A
　　　IN-OUT：日本企業による外国企業へのM&A
　　　IN-IN：日本企業同士のM&A
（出所）㈱レコフのHP：(http://www.recof.co.jp/ma/j_ma.html)

（譲渡等企業数でみた件数）は198件であり，そのうち水平関係が145件（全体の73.2％）で最も多く，以下，混合関係37件（同18.7％），垂直関係16件（同8.1％）と続いている。

　一方，民間企業がまとめた日本におけるM&Aのマーケット別の件数をみると，1994年から増え続けており，日本企業同士のM&A（in-in）は90年代半ばから徐々に増え始め，90年代後半からは大幅に増加している（図表5-1）。

2　近年のM&Aの特徴

　M&Aの件数の増加は，第一に，企業価値向上にとって必要な経営資源の内容が変化し，そのために適切な経営資源の組替えを短期間に行わなくてはならないという企業経営をめぐる環境の変化を反映したものと考えられる。第二に，こうしたスピード重視の企業経営の重要性に対する企業経営者の認識の高

第5章　企業成長戦略としてのM＆A（合併・買収）

まりを背景に，規制緩和や会社組織再編を容易にする法制度の整備が進んだことによって，M＆Aの件数は増加を続けてきたと考えられる，と経済財政白書（2003）は分析している。

M＆Aの効果につては，それを採用する企業の個別の要因によって，結果的に散らばりが認められる可能性が高い。ただ，営業譲渡の効果にみられるように，選択と集中の過程で，M＆AがROA（return on asset，総資産収益率）を上昇させるのに効果的な手法である可能性は高く，今後，そのような評価が確立すれば，M＆A実施の際には認識されなかった負債等が後に発生するといったリスクもある。したがって，事業，財務，法務の面でM＆Aのリスクを評価するデュー・ディリジェンス（due diligence，買収案件の精査）に関わる事業も重要性を高めていくものと予想している。

また中央青山監査法人が2003年7－8月に実施した調査（国内の全上場と未上場の有力企業計3,928社を対象にし，415社が回答）結果によると，最近5年間にM＆Aを実施したのは42％にも達し，事業の選択と集中の有力手段としてM＆Aが活用されていることがうかがえる。しかし，M＆Aが増加する一方で，三井化学と住友化学が2年以上にわたって交渉を進めてきた経営統合が撤回された例のように破談も増加しつつある。このような問題の究明なども重要な課題である。

近年のM＆Aの効果については年数が浅いため一概に評価は難しいが，一般的にはM＆Aを採用する企業の個別の要因によって成果は異なるものと考えられる。しかし，営業譲渡のように，業績が低迷している企業の活性化に適したM＆Aもあり，選択と集中の過程で，競争優位性のための効果的な手法との評価が確立すれば，日常的に採用される可能性がある，と経済財政白書（2003）は展望している。

近年，国際的なM＆Aが増加しつつあり，ドイツのダイムラー・ベンツ（Daimler Benz）とアメリカのクライスラー（Chrysler）の合併によってダイムラー・クライスラー（Daimler Chrysler）の発足（1998），英国のボーダフォン（Vodafone）によるドイツのマンネスマン（Mannesmann）買収（2000）などに象

徴されるように，多様な業種に大規模のM＆Aが国際間で行われる中で，アジアにおいても2005年1月に中国の上海汽車（Shanghai Automotive）が韓国の双龍自動車（Ssangyong Motor）を買収する大型案件が成立しており，従来にはみられなかった新たな国際間のM＆Aの動きも注目に値する。今後はアジアにおける国際的なM＆Aに関連した企業行動にも注目すべきである。

注

1) 菊池敏夫「企業成長方式の検討―M＆Aの有効性と限界―」『産業経営研究』第11号，日本大学経済学部産業経営研究所，1991年，51ページ。
2) Gaughan, P. A., *Mergers, Acquisitions and Corporate Restructurings*, John Wiley & Sons, Inc, 1996, p. 10.
3) 伊吹六嗣・坂本光司『現代企業の成長戦略―ニッチ・トップシェア企業の挑戦―』同友館，2001年，88～94ページ。
4) 敷田禮二・大橋英五『企業再構築と経営分析』ミネルヴァ書房，1999年，161～162ページ。
5) 菊池敏夫「企業の合併行動の新局面―欧州における企業合併の分析―」日本経営教育学会編『21の経営教育』学文社，2000年，83～84ページ。
6) アンダーセン『統合的M＆A戦略』ダイヤモンド社，2001年，153～154ページ。
7) 中村公一『M＆Aマネジメントと競争優位』白桃書房，2003年，17ページ。
8) 合併においては，総資産合計額100億円超企業と総資産合計額10億円超の企業の場合（国内企業同士の合併）と国内売上高100億円超企業と国内売上高10億円超の企業の場合（外国企業同士の合併）に届出の義務がある。

参考資料

・北地達明・烏野　仁『M＆A入門』日本経済新聞社，1999年。
・林　伸二『日本企業のM＆A戦略』同文舘，1993年。
・村松司叙・宮本順二朗『企業リストラクチャリングとM＆A』同文舘，1999年。

（黄　八洙）

第6章

企業の情報化

　携帯電話やPCは，近年，多くの人に使われるようになった。現在，私たちは携帯電話を日常生活の中でごく普通に使用し，また，パーソナルコンピュータ（以下，PCと略す）を頻繁に使用している。携帯電話を使って，音声電話はもとより，メールの送受信，インターネット接続，写真や動画，そしてメモやスケジュール管理などシステム手帳のような活用も行われ，日常生活と密着したものとなっている。一方，PCは，ワードプロセッサや表計算だけでなく，インターネットに接続して検索や情報入手等々に活用されている。PCの処理や記憶能力に大きな特徴があるが，携帯電話は小さなPCとして利用されていくものと考えられる。

　このように携帯電話やPCといった情報機器を活用するのは，個人用途としてだけでなく企業活動の中でも必要不可欠なものとなりつつある。携帯電話は個人用途が多いが，企業の組織における利用はPCが多い。本章では，PCを例にして，どのような用途に使われているかを明確にしたうえで，その活用による企業にとってのメリットを議論する。情報機器が活用される根拠を議論することで，企業の情報化について考えてみよう。

I 企業における情報技術利用

1 情報とは

　情報とは，伝えたい何らかの伝達メッセージであり，音，身振り，言葉など何らかの手段を介して伝えられる。このような情報は，伝達だけでなく，記録し，整理して，蓄積し，必要なときに取り出せることが求められる。さらに，情報は「文字」として，そして記録媒体としての「紙」が，その役割を長らく担ってきた。

　産業革命以来の科学技術の発展により，音声は電話により遠くに伝えられ，文字は記号化されて，電信などで遠隔地に伝えることが可能となった。そして，大量の数値データを処理するために機械式の計算機が使用されたこともあるが，大型計算機が第二次大戦後に開発されてから飛躍的に発展した。

　電子計算機では，データ（数値）の処理，保存が可能である。さらに，半導体技術，通信技術の発展により，大量のデータ処理が可能になった。大型計算機用からPC化により小型化と高速処理化が進み，その役割は，飛躍的に向上した。また，通信技術の向上に遠隔地でのデータ通信が可能になり，デジタル技術，印字技術，そして，ディスプレイ技術によって，情報の伝達機能とその応用性がさらに便利で広範囲なものとなった。

2 企業における情報交換

　企業の経営資源は，ヒト，モノ，カネ，そして，情報といわれる。ヒトは，企業の抱える従業員（人材）であり人的資源ともいわれ，企業活動を行ううえでの基本となる。モノは，工場の生産設備や，商品といった形のあるものである。カネは，資本や営業資金などである。企業活動の中で，これらは相互に関与している。

　企業活動には，図表6-1に示すように，主要活動と補助活動がある。製造業を例にとると，主要活動としては，資材・物流，生産，製品出荷・物流，営業・顧客サービスなどがあり，補助活動としては，全般管理，財務管理，人事

第6章　企業の情報化

図表6－1　企業活動の例

補助活動	全 般 管 理				
	財 務 管 理				
	人 事 管 理				
	技術・研究開発				
	資材・物流	生産	製品出荷・物流	営業・顧客サービス	

供給者 →　　　　　　　　　　　　　　　　　　　　← 購入者

主要活動

管理，技術・研究開発などがある。これらの企業活動に応じて，企業組織の各部門が形成され，それぞれに，ヒトが配置されている。

　企業は供給者（売り手）から原材料や部品を外部購入し，これらを企業内部において製品として製造し，そして，製品を一時的に倉庫に保管し，注文に応じて，企業の外に出荷していき，顧客の手に渡る。図表6－1では，モノは左から右に移動していく。

　カネの流れは，図表6－1では右から左へと移動する。すなわち，購入者（買い手，顧客，もしくは消費者）からの販売代金は，企業に入金され，それをもとにして，企業は，原材料や部品の購入代金として，それらの供給者に支払う。実際には，カネの流れは，銀行などの金融機関を仲介して行われる。企業内部の各部門ごとの収支を計数管理していることを考えると，実際のカネの移動はないが，企業内部でもカネの流れは右から左へと移動すると考えることができる。

　情報は，ヒトとヒトとの相互間のコミュニケーションの過程で交換が行われる。まず，企業組織と外部との間を考えてみよう。企業と供給者との間では，購入資材の仕様の確認や調整，価格交渉，納期確認，納入日の連絡，そして，代金支払いなどの情報交換が行われる。一方，購入者（もしくは消費者）との間では，製品のPR，仕様の説明，価格交渉，納期の調整，そして，代金受取りなどについて，情報交換が行われる。これらは，モノとカネに付随する情報交換であるといえる。一方，モノとカネに付随しない情報交換もある。たとえば，株主，政府や行政，地域住民などの利害関係者との関係における情報交換

がある。また，人材育成や人材雇用に関するものや，従業員家族との情報交換もある。

企業内部における情報交換としては，図表6－1における主要活動の各部門間におけるモノの移動に付随する情報交換があり，また，補助活動の各部門と主要活動の各部門との間でも情報が交換される。このような，企業組織間の情報交換が頻繁に行われる。また，正式な業務上の情報交換のほかに，たとえば事前調整のための情報交換が行われるし，企業内の非公式組織における情報交換もある。

3　情報技術の利用理由：費用対効果

私たちが，携帯電話を使う場合，本体価格の他に，月額の基本料金，そして毎月の通話料など回線使用料を支払う。一方で，私たちは，携帯電話を使うことで，遠隔地の知人や友人，得意先や取引先のところに足を運ぶ必要もなく，伝えたいこと（情報）を伝えることができる。もし，携帯電話がなかったとしたら，面談を要する場合は交通費だけでなく多くの時間を要する。交通費は，費用として，認識することはたやすいが，時間を要することは実は費用と同じであるが認識されにくい。遠距離の場所へ情報を伝えるために往復するのに要する時間があれば，その時間を使って別の仕事を行うことによって何らかの報酬を得ることができたはずである。これを，機会費用（Opportunity Cost）と呼んでいる。機会費用は，実際にお金を支払うわけではないので費用として認識することが少ない。携帯電話を使って用件を足すためには，通信費などの費用がかかるが，使用しないことによる機会損失よりも，使用することの費用の方が少なくて済むから利用をしていると考えられる。私たちは，携帯電話を「便利」という言葉で片付けているが，このような効果を，無意識のうちに判断しながら携帯電話を利用しないよりも，利用するということを選択している。企業においても，同じように，携帯電話やPCなどの情報機器を使用することが，結果として費用が最小化されるという経済的な合理性があるから活用していると考えられる。

次に，企業で情報技術が利用されてきた理由を考えてみよう。多様化した企業活動を継続するには，的確な情報を入手して，計画を行い，管理し，意思決定を進める必要がある。そのため，情報収集や処理，判断が重要視されるようになってきたし，情報技術の発展がこれを可能としてきた。このように，企業の業務が多様化し拡大するにつれて，業務と企業組織体の相互について，実態を把握する必要性が増してきている。

II 企業における情報技術利用の歩み

情報技術の発展と企業での情報技術の利用は，図表6-2のようにいくつかの時期に分類できるが[1]，以下に概観してみよう。

図表6-2 情報技術の企業での利用

時　期	年　代	使用機器	用　途
初期DP	1960年代	大型コンピュータ	給与計算など
拡大DP	1960年代後半	大型コンピュータ	購買，生産，販売など
MIS	～1980年代初	PCの出現	管理部門への普及
EUC	～1980年代中	PCの普及	個人業務への普及
STS	1990～	ネットワーク	企業組織全体での活用

(出所) 高木・小坂『SIS経営管理を支える情報技術』日本経済新聞社(1990)の表3-1をもとに筆者が修正。

1　データ・プロセッシング（DP）の初期

日本でコンピュータが企業で使われ始めたのは，1960年代であり，データ・プロセッシング（Data Processing：以下，DPと略す）の利用という形であった。DPの初期では，経理部門で給与計算に使い始めた例が多く，コンピュータで数値処理ができるルーチンワーク（日常的定型業務）に適用されていった。技術面では専門家のものであり，経理部の付属組織として電算機室[2]が設けられたところが多い。コンピュータの価格は今から比べると大変高価[3]なものであり，企業のトップが導入の可否についての意思決定を行った。コンピュータを

導入する部門では単独業務であることから，企業組織の中の「点」としての利用といえる。また，費用対効果が比較的わかりやすいことも特徴であった。

2　DPの拡大期

　DPの拡大期は，経理部門における導入の成功から他の部門へのコンピュータ利用の普及拡大が進んだ。すなわち購買，生産，販売といった各部門での業務のコンピュータ化が進んだ。この時期は各業務への適用の広がりであり，企業組織として横に拡大したといえよう。電算機室の専門スタッフだけでなく，コンピュータの導入効果を伝え聞いた各部門の人たちが，自分達の部門の効率化を推進しようと導入に協力した。コンピュータをどの業務に導入するかについて，必ずしも企業全体のマスタープランがあったわけではなく，また導入にあたって企業の経営管理との関連性はあまりなかった。この時期は日本では高度成長期にあたり，増大する作業量をこなすにはコンピュータが大きな威力を発揮した。そして，電算機室の情報処理専門スタッフの活動は，コンピュータ業務の拡大と効果により高く評価された。DP拡大期では，効果が比較的大きいところを拾い出しながら導入してきたため，コンピュータを導入した業務は費用対効果がわかりやすいところから着手され，導入の意思決定という点で経営トップの支持が取りつけやすかった。このことがコンピュータを導入する対象分野の拡大に効果があった。このような普及の過程で，情報処理は専門スタッフが構築し維持するものという認識が各部門に浸透したという指摘[4]がある。

　コンピュータ導入以前は，実務とそれに必要な情報のやり取り，すなわち，情報の，伝達，加工，蓄積などは，実務担当者自身の職務の中で一体化したものとして内包されていた。それが実務担当者の手から離れ，システム専門スタッフの手中に委ねられてしまった。コンピュータ導入後は，実務の一部がブラックボックスと化してしまい，実務担当者といえども，日常業務では頻繁に使用するものの，その改善や改良に手が出せない業務が出てきた。情報を処理する部分を専門スタッフに任すということは，業務をコンピュータ化して保守

するという面からみると効率的ともいえるが、その改良・改善、そして担当組織の当事者との関わりを阻害する要因となったといえる。

3 経営情報システムの時期

経営情報システム（Management Information System：以下、MISと略す）の時期になると、コンピュータの適用される業務が管理業務に広がりをみせた時期であり、日本では1970年代から1980年代初めであり、この考え方は現在まで続いている。各部門の現場のルーチンワーク（日常的定型業務）だけでなく、管理という企業組織の縦方法への拡大である。この時期の情報システムの特徴として[5]、「○○管理システム」や「○○管理情報システム」（たとえば、生産管理システムや生産管理情報システム）というような名称が使われることが多いことからもわかるように、職能的な業務だけでなく管理業務も適用範囲にしている。管理者は、会計情報だけでなく、商品別、地区別、顧客別といった管理情報を入手することができるようになった。

職能的な業務は定型化されているため情報化は比較的容易であるが、経営管理に関わる情報は定型化しづらい特性があり、時期と共に、管理者が変われば、経営管理に関わる情報の必要性も変革していく特性がある。そして、定型業務の情報処理の保守作業以外に、管理者ニーズの変化に従ってシステムの変更作業の必要性が頻繁に生じるようになった。このため費用対効果は著しく悪化し、時として管理システムそのものの効果にまで疑問をもたれるようにもなった。また、個別の目的ごとに開発されたため、他のシステム間との情報交換ができない欠点をもっていた。

たとえば、出荷管理システムと生産管理システムでは別々に開発され導入されたために、ある品目についての出荷と生産から在庫についての情報を得ようとすると、双方のデータを手作業で突き合わせないとできないといったことが往々に生じてきた。さらに、相互のデータに互換性がないために、再入力を必要とする場合が往々にしてあった。このようなことから、共通のデータベース化の必要性が指摘され、データの共有化に関する技術開発が進んだ。しか

し，企業の要望に応じたデータベースシステムを構築できるところまでは至らなかった。このようなことから，企業組織内での批判にもさらされる状況が続き，情報システム部門は保守作業だけでなく，改良作業に追われ続けた。

4 エンドユーザーコンピューティング

エンドユーザーコンピューティング（End User Computing：以下，EUC と略す）期は，利用しようとする部門の要望に基づき，自身の手によってコンピュータが部門業務や個人業務の分野にまで，適用され始めた。日本では1980年代初めから半ばにかけての時期から，この考え方は現在まで続いている。企業組織においてコンピュータが利用される業務の奥行きが増したともいえる。利用する部門の個別的な（パーソナル）仕事をコンピュータで支援（サポート）するシステムは，小さな業務で多岐にわたりあまりにも数が多く，また，変化の激しい業務であったことから従来は手付かずで残されていたものであり，身の回りの小規模な独立システムといえる。

技術面では，メインフレームのデータを外部からアクセスできるようなデータベース技術が発展したことがこれを可能にした。しかし，組織内の個人個人が広く利用したわけではなかった。そのため，情報システム部門の他に，企業内の各部門の人にコンピュータ利用をサポートする情報サービスのセクションを設ける企業も出てきた。この頃，PC の普及が始まり，一方で，PC を利用する各部門が独自で情報システムを構築したり自力で業務にあわせて PC の利用を行うようになった。そのため，いっそうバラバラな情報システムが構築されるようになった。

この時期には，PC が単独（スタンドアローン）で企業の内部で広く使われるようになってきたことがもう一つの特徴といえる。メインフレームに固執するシステム部門とは別に，個別部門の利用者サイドでは，情報システム部門が対応してくれなかった業務を個別業務ごとに PC を使ってコンピュータ化していくということが多く行われた。個別部門のコンピュータ利用の重要性から，個別部門のコンピュータを情報システム部門の管理下に置くこと自体に再検討を

求める考えも出てきて，経営者側から情報システムの全般的な流れと管理を統制することが行われるようになった。

5　戦略情報システム

　戦略情報システム（Strategic Information System：以下，SISと略す）期になると，企業組織の部分部分の業務において役立つコンピュータ利用方法から，企業組織全体の活動を支援し統合する利用方法を求めるようになってきた。単なる仕事の道具としてのコンピュータから，企業経営の戦略的な位置づけを決めるのに役立つコンピュータにしようという考え方である。このような考え方の背景には今までのコンピュータ利用の歴史が影響を与えている。

　これまでは，個々の業務をコンピュータに置き換えることによる「作業効率の向上」の追求であった。コンピュータを利用することで，情報の大量処理とコストダウンが可能となった。しかし各種の業務間のつながり，関連性，そして構成は，そのままの状態にしたものである。すなわち，既存の個々の業務はそのままの状態であり，作業内容を個々にコンピュータに置き変えたものであったといえる。そして，業務の合理化や効率化を進める作業は，コンピュータ化が遅れていたり不十分なままで残っている部分に向かった。

　SISでは，企業の意思決定における対応速度の要素が大きく出てくるので時間軸が加わったといえる。これは，コーポレート・ガバナンス（企業組織の統合）に時間軸を踏まえた考え方を導入しようとしているといえる。時間短縮は以前の段階にもあったが，それは，生産部門などの個々の業務における作業時間の短縮であり，企業の経営全体に影響を与えるものではなかった。それゆえ，企業の組織そのものを変えるようなものでもなかった。

　SISでは企業組織内に存在するコンピュータ化された業務相互間のつながり方を重視する。すなわち，個々の業務を統合しようとするのがSISである。相互間のつながりの構築方法によっては，必要でなくなる業務も出てくるであろうし，新たな業務が必要とされる可能性も出てくる。従来の企業組織とは違った組織のつながり方も求められてくると考えられる。EUCの時期に普

及したPCも，LANやWANによってネットワークに参加させることで，SISを強化させることも行われるようになった。

　図表6－1でいうと，主要活動，すなわち資材・物流，生産，製品出荷・物流，営業・顧客サービスなどの各業務間における情報の交換を相互に行えるようにするとともに，補助活動である全般管理，財務管理，人事管理，技術・研究開発などとも情報交換を可能とするものである。

　業務のつながり方にSISを適用することにより企業組織内部で節約できる時間は，個々の業務におけるコンピュータ化の積上げに比べて大きな効率化が図られることが期待されている。個々の業務のつながり方を考慮していない段階では，企業組織全体の業務の配分と流れは組織間の仕切りが阻害要因になってコントロールできないものであった。しかし，業務配分と流れがコントロールできると新しい効率化が図られるものと考えられている。すなわち，研究開発から設計，生産，販売，事務管理といった各部門のつながりを有機的に機能させようというものである。

　たとえば営業部門でキャッチされた市場の変化はいち早く開発，生産部門に伝わり，新しいニーズに基づいた研究開発が早期にスタートされ，市場ニーズの変化に対応した新商品をいち早く製造して市場に送り込むことが可能になる。このような速さを経営に取り込むことが，企業にとって新たな競争優位を生み出すといえよう。情報伝達と意思決定の速さが実現できると，許容される時間内でさまざまな取り組み方を試みることも可能になるし，また，創造性の高い企業活動ができるものと期待されている。さらに，企業組織外部の情報収集と伝達作業がSISの中心課題であることも大きな特徴であるといえる。

　今までの企業内での情報システムの無秩序さが逆にSISを構築させようという推進力となっている面もある。MISの時期にデータベース化が十分に進まず，個別システム内の構築にとどまったことも，企業全体のシステムを構築しようとする必要性を認知させる働きをしたといえる。

III 情報化投資の理由

　今までの企業における情報技術の利用の歩みは，次のように整理してみることができる。

　DP期には，企業は組織内においては，コスト削減を目的として情報技術を取り入れてきた。そして，MIS, ECUの時期になると，企業内で利用範囲が拡大し，経験を積むとともに情報技術に関する知識は企業内に蓄積していくことができた。情報処理部門を企業内に設置することで，担当業務部門とのコミュニケーションをとることができ，企業内普及がスムースに行われて情報技術の内部化による効果が発揮できた。SIS期では，外部の情報を取り入れる必要性が大きくなり費用が高くなってくると，そのコミュニケーション費用の削減に効果のある情報技術を内部に取り入れるようになった。一方で，企業内で組織が肥大化して非効率な面が出てきた情報処理部門については，外部に委託するという選択肢が生じてきた。ただし，情報技術の利用知識そのものを外部化しているわけではない。

　SISの構築は多くの企業で着手され構築されつつある段階である。これを実現するには，多くの投資が必要となろう。この投資を正当化させる根拠を，SISによって企業の競争優位を強化させることができるという説明がなされることが多いが，さらに，明確な根拠が必要とされる。ここで，企業は何ゆえに大規模な投資につながる情報システムの導入を行おうとするのかという点に議論を集中してみよう。

　DPの時期であれば，費用対効果が明確であったが，SISを導入するには費用対効果が不明瞭と思えるにもかかわらず，なぜ実行しようとするのかという疑問である。そして，この疑問を解こうとする基本的な考え方を，どこに求めるかということである。情報技術の導入によって，費用低減が可能という説明ができるなら，情報化投資の根拠と成り得る。

　情報技術の導入によって費用が下がる例を，①企業の境界におけるコミュニケーションの場合と，②企業グループ内のコミュニケーションの場合について

考えてみよう。

Ⅳ 企業の境界におけるコミュニケーション

　企業の境界は，情報を成文化できるところ，そして，情報が他人に理解されるところに設定される。たとえば，企業間で商品の売買取引が成立するには，商品について供給者と購買者が互いにコミュニケーションができる必要がある。

　図表6－1で示した企業において，左端のところで，供給者から部品や原材料を購入する場合を考えてみよう。ここでは，部品や原材料についての情報が十分になされているから購入が成立する。一方，右端のところでは，購入者との間で商品についての情報についてコミュニケーションが十分になされて販売が成立する。

　企業の境界は，そのようなコミュニケーションが成立する場所であるともいえる。このことは，情報の特徴や特殊性，そして，コミュニケーションの取り方や手段・方法によって，企業の境界そのものが設定されることをも意味している。

　企業の境界におけるコミュニケーションを司るルールに何らかの法則性があるのではなかろうか。そして，企業の境界を越える情報の流れを検証することで，取引費用としてコミュニケーション費用を把握することが可能ではなかろうか。コミュニケーションは費用がかからないものとされる公共財（Public Goods）ならば，購買者（消費者）の好みは何ら費用をかけずに供給者に伝わる。商品の供給者は，この情報から自らの生産が可能性になるように供給条件について最適の選択を行うことができる。このように，供給者側の供給可能性（仕様，量，価格など）を購入者に示し，購入者（消費者）は好み（Preference）と価格（Price）によって商品を選択する。しかし，コミュニケーションに費用（取引費用）がかかるので，このように簡単にはいかない。

　購入者の好みが供給予定の仕様より高ければ，購入者は供給者に供給予定商

品の仕様を上げるように交渉するであろう。一方，供給予定商品の仕様が購入者の好みより高ければ，供給者は購入者に対して優位性をもつことができるので，価格交渉の点で優位に立てる。売買取引が成立するまで，購入者と供給者の間では仕様と好み，そして量と価格の調整といった情報のやりとりが何度かあると想定される。情報のやりとりが何度かあって，供給者の仕様が購入者（消費者）に何度か伝わり，購入者の好みに合えば，取引が成立する。

　ここで，コミュニケーションを行うための費用が高ければ，商品の仕様についての情報は購入者にあまり伝わらないし，購入者の好みも供給者にあまり伝わらない。そして，供給物が，購入者の好みを想定することも難しくなる。

　最終財の市場では，供給側は製品の選択肢を明らかにし，購入者はその中から好みのものを購買する。なお，最終財では，企業は供給者，家庭が購入者である。

　新製品を立ち上げようとしている企業は，部品の供給者に対して，ある特性をもった部品が供給可能であるかを打診することが多い。買い手としての企業は，その部品がもつべき特徴や特性（仕様）を指定する。そして，仕様に合致するかどうかのテストを行う。仕様が合致すれば企業は購入の選択を行うが，合致しなければ，その仕様を見直すであろう。

　このような購入者と供給者間における双方の仕様の内容によって商品テストが行われることが多い。その商品テスト費用は，購入者と供給者の間においては，商品の仕様を確認するための費用であり，広い意味での取引費用と考えられる。商品テスト費用とコミュニケーション費用について，カソン＝ワデソン（Casson and Wadeson〔1996〕〔1997〕）が検討を行っている[6]。このモデルでは，双方に情報の非対称性，すなわち，①供給者には購買者の好みが不明，②供給者の技術が購買者には不明，との前提を置いている。ここでは，供給者と購入者の双方に仕様についてのギャップがあると調整のためにコミュニケーションを必要とし，また，商品テストも必要であるとの想定をしている。これによると，コミュニケーション費用に影響する要因として，購入者側の商品知識，商品の購買頻度，双方のバックグラウンドの差異（社会的，職業）を指摘してい

る。また，商品テストの費用は商品の特性により影響されるものであり，性能が高い，仕様が厳しい，複雑な商品ほど，商品テストの費用は高くなる。

　しかし，情報技術を使うことによって，コミュニケーション費用を軽減することができる。たとえば，データベース，コンピュータグラフィックス，光ファイバー通信などを考えてみよう。供給側についていえば，データベース技術の利用は購入者の選好（消費者選好）を理解するのに要するコストを削減する。消費者選好に関するデータを一度入手すれば，再注文を受けるたびに必要に応じて蓄積していくこともできる。このように，大量生産の時代よりも，個人個人の好みに合った対応をすることが容易になってきた。購入者としては，コンピュータグラフィック技術を駆使したCAD／CAM（Computer Aided Design／Computer Aided Manufacturing）によって，部品供給者との間で設計上の可能性を確認するのが格段と容易になった。また光ファイバー技術によって大容量のデータのやりとりが容易になった。このように情報技術はコミュニケーションを容易にし，その費用を低下させる。

　新製品の広告をダイレクトメールで行う場合にも，データベースを利用して，目標を定めた宣伝が可能になる。共通のデータベースを部品供給者と共有することは，新しい製品を開発するうえでも有効である。さらに，組織内のコミュニケーション費用を下げることで，業務の簡素化を行い，人員や業務の見直しを行い，企業内の組織の変革も可能となるであろう。情報技術はこのように，コミュニケーションにおいて，大きな影響を与えることができる[7]。

　以上のようにコミュニケーション費用の概念を取引費用の考え方から導き出すことができ[8]，そして情報技術によってコミュニケーション費用が削減されることがわかる。

V 企業グループ内外のコミュニケーション：海外事業を例にして

　企業グループ内外におけるコミュニケーションを議論するにあたり，地理的な距離と文化的な距離の影響があるために，コミュニケーションを阻害する要因の多い海外事業を例にして，情報技術がどのような役割を果たすことができるかについて考えてみよう。

　海外の原材料や部品の供給者，そして，顧客とのコミュニケーションは国内と違って，双方のバックグランドの差異が大きい。すなわち，購入者の好みは国内と異なるし，原材料・部品の供給者の技術レベルが国内供給者と比較して理解しにくい。言語の違い以外にも，国情の違いからくる規格の相違，材料の違い，製造方法の違い，そして，当事者の教育トレーニング歴の違いなども，コミュニケーション費用を増大させる。海外では，コミュニケーション費用に影響する項目がすべて，費用増加に作用する。

　企業の海外活動を組織面からみると，企業組織の一部が国境線を隔てて遠く海外に存在している。海外の組織を，企業外に設置する選択肢もあるにもかかわらず，企業内部においている理由を考えてみる。多国籍企業論では，貿易やライセンシングではなく海外直接投資（海外子会社をもつことは企業組織内を海外に置くことになる）を行う理由については従来から議論されてきており，次のことが定説になっている。海外事業を行ううえで必要な交渉，情報の獲得に要する費用は競合市場（貿易）よりも企業内において削減される。バックレイ＝カソン（Buckley and Casson〔1976〕）によると，情報や知識など，事業を行うに必要な要素に対する市場が不完全なため，すなわちコースのいう取引費用（Coase〔1937〕）を削減するため，企業は内部化（企業内組織化）する。

　一方，本国の親会社との関係では，地理的距離によるコスト増が，情報技術によって低減する。たとえば，多くの通信手段が距離によって費用が増加する中で，電子メールは距離による費用増の影響がない通信手段である。海外子会社で電子メールの利用が高いのはこのような理由による[9]。さらに，電子メー

ルがもつ利点は，その通信速度と速さ，メール文書をサーバーが保管しておいてくれることから，送信者は自分の自由なときに文書を送っておくことができるため時間管理が容易なこと，時差があっても影響が少ないこと，文書管理ができること等があげられる。また，言葉のもつ抑揚やイントネーションがそのまま伝わるボイスレコーダーや，フェイスツーフェイスのコミュニケーションができるビデオ会議のシステムも使用され始めている。

このように，情報技術の海外事業への導入は，コミュニケーション費用の削減をもたらし，海外活動を活発化させることが予想される。さらに，長期的にみると，費用低減によって新たな業務ができるようになって業務範囲が広がる，つまり企業の境界が外側にシフトすることも予想される。

Ⅵ　ま と め

情報技術の企業における利用は，生産管理，物流に始まり，経営上の意思決定にまで利用が進んできており，経営情報面からの分析は最近多くなってきている。社会的にも高度情報化社会が，今後どのように進展していくのかといった点で注目されている。情報技術が企業の戦略に及ぼす影響については，世界的な関心を集めており，また現状調査や研究が多くなされている。しかしながら，企業の戦略，特に海外戦略における研究は，現状の変化に追従しきれていないというのが実情でもある。

この大きな理由は，①従来からの経営戦略や国際経営における理論的，実証研究による実績に拠り所を得ていない調査が多いこと，②情報技術に対する過度な期待が先行しすぎていることがいえよう。コンピュータや通信技術は，技術革新の発展が目覚しい分野であり，企業経営においてもパラダイムの転換があるものの，これらに対する分析手法は，従来の実績を活用すべきであろう。たとえば，取引費用の考え方から，企業の境界線の議論が行われ，また企業は内部化により海外活動を行うという理論体系が整いつつある。このような企業を分析する理論的な背景を踏まえた立場から，企業の情報通信戦略を把握する

研究は，あまり行われてきていない。特に，日本企業の海外事業の中で具体的にどのような利用がなされているかという調査は，今のところ多くはない。一方，日本企業の海外活動は今後とも継続するものと見込まれることから，企業の海外活動における情報技術の活用をとらえて分析する必要性は大きい。取引費用の分析アプローチを駆使して，情報技術の利用戦略を分析することは，今後の情報化社会を予測するうえでも大きな意義がある。

情報技術の発展により，情報技術の利用は，個人だけでなく，企業においても急速に普及しつつある。携帯電話やPCなどの企業は情報技術を利用することで，企業活動を効率よく進めることができると考えられる。すなわち，部品や原材料の情報，技術開発の情報，生産技術の情報，市場の情報などをいかに効率よく低コストで得るか，そして，これらの情報を用いて企業をいかに効率よく組織上の意思決定を行うかにかかっているといえる。

注

1) このように適用分野の広がりでとらえる観点は，ノーラン〔1979〕，Rochart and Morton〔1984〕，水田〔1987〕にみられ，本章での分類は，高木・小坂〔1990〕によった。
2) コンピュータ室という名称自体は当初あまり使われなかった。電子計算機室（もしくは電算機室）の名称を使った企業が多く，電子化以前の機械計算室という名称をそのまま使うところまであった。情報システム部門といった名称は，1980年代後半以降である。
3) 当時の価格で数千万円から数億円。現在の貨幣価値でいうと数十億円から数百億円であり，現在と比べると大変高価であった。
4) 高木・小坂〔1990〕，33ページを参照。
5) 高木・小坂〔1990〕，34ページを参照。
6) Casson and Wadeson〔1996〕を参考のこと。
7) 情報技術以外にも，経営の専門家，応用研究の推進（特殊な商品が標準化してくる）によって，コミュニケーション費用は削減される。しかし，イノベーションの変化が大きいと製品が複雑化して費用上昇の要因となる。買い手は最終マーケットに

注意を払うようになるので，最終的な購入者は，品質と信頼性への要求が高くなり，買い手の要求が高くなるともいえる。

8) 取引費用と考えられる費用にはいくつかある。エージェンシーコストやインフルエンスコストも取引費用と考えられる。エージェンシーコストとは，従業員の怠慢により直接的に生じる費用や，怠慢をなくすために組織管理にかかる費用などをいう。インフルエンスコストは，組織内で利益の配分に影響を及ぼそうとする行為についての費用で，詳しくは，Milgram and Roberts〔1990〕参照。市場を利用して，面倒な契約を締結することなしでできる短期の市場取引（Arm's Length Market Transaction）を利用することを想定してみても，完全契約を拒むものが潜んでおり，限定合理性（Boundary Rationality），性能を決定したり測定する難しさ（Difficulty of specifying or measuring performance），情報の非対称性（Asymmetric information）などがある。さらに，関係特殊資産（Relationship-specific asset），コーシレント（Quasi-rent），ホールドアップ問題（Holding up problem）である。詳しくは，Besanko, Dranove and Shanley〔1996〕のChapter 2を参照。取引費用を説明根拠にするアプローチに対する批判がいくつかある。これは，取引費用の考え方には機会主義にあまりにも力点を置きすぎることに対する批判である。取引に関わる煩わしさ（取引費用）を避ける企業が存在したり，内部化に失敗する企業の存在をその根拠にしている。さらに，企業の優位性とは，公にされない知識（Tacit Knowledge）を制限したり，特別な定型的仕事を，優位性に高めていく能力そのものであるとする，Nelson and Winter〔1982〕，Cantwell〔1995〕などの指摘もある。もう一つの批判は，企業の内部組織については，説明し難い点にある。Williamson〔1975〕によると，企業内部のガバナンス（管理機構）のタイプを示しており，企業内部の組織については，ガバナンスによる説明が解り易いと考えられる。Casson and Wadeson〔1996〕では，組織とは，構成員だけでなく，外部環境についての情報を処理するために存在していると考えている。この見方は，企業内部そして，企業の境界を越える情報の流れの重要性を強調するものである。したがって，本章においては，企業の境界を越える情報に対する議論に集中し，企業内部の問題をあえて扱わなかった。

9) 拙稿〔1997〕を参照されたい。

第6章 企業の情報化

> **参考資料**

- Besanko, D., D. Dranove and M. Shanley, The Vertical Boundaries of the Finn, *The Economics of Strategy*, New York: John Wiley, 1996.
- Buckley, Peter J. and Casson, M. C., *The Future of the Multinational Enterprise*, London: Macmillan, 1976.
- Cantwell, John A., *Multinational Corporations and Innovatory Activities: Towards a New Evolutionary Approach*, in J. Molero (ed.), *Technological Innovation, Multinational Corporations, and New International Competitiveness*, Chur: Harwood Academic Publishers, 1995, pp. 21-57.
- Casson, M.C. and N. Wadeson, *Information Strategies and Theory of the Firm, International Journal of the Economics of Business*, 3, 1996, pp. 307-330.
- Casson, M. C. and N. Wadeson, *Communication Cost and Boundaries of Firm, Discussion Papers*, No. 358 in Economics and Management, The University of Reading, Department of Economics, 1997.
- Coase, Donald, *The Nature of the Firm, Economica* (New Series), 4, 1937, pp. 384-405.
- Milgram, P. and Roberts, J., The Economics of Modern Manufacturing, *American Economic Review*, 80:3, 1990.
- Nelson, R. and Winter, S. C., An Evolutionary, *Theory of Economic Change*, Cambridge, Mass: Harvard University Press, 1982.
- R. L. ノーラン「急拡大するデータ処理システムをいかに管理するか」『ダイヤモンド・ハーバード・ビジネス』7-8月号，1979年。
- Rochart, J. F. and Scott Morton, *Implication of Changes in Information Technology for Corporate Strategy, Interfaces*, Vol. 14 No. 1, January-February, 1984, pp. 84-95.
- 水田幸夫「戦略的情報システムの構築」『IBM REVIEW』Vol. 100，1987年，95～102ページ。
- 高木晴夫・小坂　武『SIS経営管理を支える情報技術』日本経済新聞社，1990年。
- 高垣行男「海外子会社におけるパソコン活用戦略について」沖縄国際大学産業総合研究所『産業総合調査報告書』第5号，1997年3月号。
- Williamson, Oliver E., *Markets and Hierarchies: Analysis and Anti-trust Implications*, New York: Free Press, 1975.

(高垣　行男)

第7章

コーポレート・ガバナンス

I 日本のコーポレート・ガバナンス

1 コーポレート・ガバナンス

コーポレート・ガバナンスは，企業統治を意味し，株式会社は誰のものであるのか，誰のために経営されるのか，誰が経営するのか，株式会社を取り巻く利害者集団の調整をいかにとるのかという問題を考えることである。

日本企業においては，これまで長い間，企業間での株式の持ち合いや従業員重視の経営など，制度上の所有者である株主を重視してこなかった。しかしながら，外国人投資家，特に年金基金や投資信託などの機関投資家が日本の証券市場において大きな位置を占めてきている状況では，日本企業も株価や株主資本利益率などの，株主にも配慮した経営に移行せざるを得なくなっている。また，企業による不祥事の多発など，消費者や社会に対して企業行動を自ら律する必要が生まれてきている。

平成13（2001）年の商法改正による監査役（会）機能の強化や平成14（2002）年改正による大会社についての執行役制度の導入を前提とした委員会等設置会社制度の導入は企業に，よりいっそうの健全性，効率性，透明性などを求める改革が行われている。さらに平成18（2006）年5月施行の会社法は，商法，商法特例法など複数の法律で規定されていた会社に関する法律を一本化し，株式

会社の統治システムを企業規模，公開・非公開の別により，幅広く選択できる形態とした。これにより，日本の株式会社は取締役会設置会社，監査役会設置会社，委員会設置会社，会計参与設置会社などを選択することが可能となった。

そこで日本におけるコーポレート・ガバナンスとして，日本企業における統治構造をみていく。

2 取締役会

経営組織の中で最も重要な機能を果たしているのが，戦略的意思決定を行うトップ マネジメントである取締役会である。さらに株式会社における経営行動の監督機能も，本来的には株主総会にあるが，所有と経営の分離，企業規模の拡大，業務の複雑化などにより，実質的な監督機能は，株主総会で選任された取締役により構成される取締役会によって遂行される。

日本においては改正，再編された会社法でも，第362条2項において，取締役会の職務として次の3項目をあげている。「一　取締役会設置会社の業務執行の決定，二　取締役の職務の執行の監督，三　代表取締役の選定及び解職」である。

このように制度的に取締役会へ取締役に対しての監督機能を付与しているが，取締役会の日本における現状をみると，一般的にその構成面において内部取締役の人数が多く，総数も多くなっている。内部取締役は通常，事業部や生産，販売，人事などの職能部門の責任者を兼任している。このことは，取締役会の機能を阻害する要因となりうる。内部取締役の多くは担当部門の業務が中心となり，関心も担当部門に注がれることになる。さらに取締役会による業務執行の監督という点においては監督する側とされる側が同一であるという問題が提起される。

そのため，制度上の担保として監査役（会）制度が導入され，株主総会で取締役同様選任された監査役が取締役の職務の執行を監督し，業務監査をも大会社においては行うことになっている。

この監査役(会)制度も過去に数度強化されてきている。平成13(2001)年の商法改正では、①任期の延長(4年)、②社外監査役の要件厳格化と人数の増員(監査役の過半数)がなされ、監査役による監督機能の強化がなされている。ただし、社外監査役に関する規定に関しては、人材不足などの問題から、その施行が3年繰り延べられて、平成17(2005)年となった。

また、取締役の総数が多いことも取締役会の機能を阻害する要因となる。多くの取締役を有する取締役会では実質的な討議を行うことは難しく、通常は常務会などで審議された結果を追認するだけになり、形骸化しているといえる。

この形骸化した取締役会をより実効性のある組織へと再構築することが求められている。第一に取締役会の構成員である取締役の総数の削減が必要である[1]。取締役を削減することにより、迅速な意思決定を行うことが可能になる。第二に社外取締役の登用を進めることが必要である。社外取締役の登用により、客観的意見あるいは監督機能の強化という点が期待できる。第三として取締役会が意思決定機関であるだけでなく、監督機関であるという点を企業内で確立する必要がある。

しかしながら、取締役の削減や社外取締役の導入は、一面では従業員のモラールの低下につながるおそれがあるが、急激な環境変化に対応して、迅速に意思決定することが求められ、経営行動に対する厳しい視線がある現在、取締役会の改革は必要である。また、次にあげる委員会設置会社を採用することによる大幅な権限の委譲を通じて、従業員のモラールの向上を図り、将来の経営者候補の養成の場となることが期待される。

3 委員会設置会社制度

(1) 委員会設置会社

監査役(会)制度のような日本独自の監督機能に加え、平成14(2002)年の商法改正では委員会等設置会社という制度が新たに加えられた。この制度は会社法にも委員会設置会社制度として引き継がれている。

委員会設置会社は会社法において、執行役制度の導入を前提として、設立が

可能となっている。

　定款に定めることにより，委員会設置会社制度を選択することが可能になり，監査役（会）は置かれず，取締役会の中に社外取締役を中心とした指名・監査・報酬の三つの委員会が設置される。

1) 指名委員会

　株主総会に提出する取締役の選任と解任に関する議案の決定。

2) 監査委員会

　取締役および執行役の職務執行が適正に行われているかどうかを監査。従来型の監査役制度における，監査役（会）に相当する権限が与えられている。

3) 報酬委員会

　取締役および執行役の個別の報酬内容の決定。

　各委員会は取締役3人以上で構成され，過半数を社外取締役によって占められなければならない。

　委員会設置会社の前提となる執行役制度における執行役は，取締役会により選任され，委任を受けた事項の決定や，実際の業務執行を行う。取締役会は，執行役に業務執行の大幅な権限を委譲することができる。

　執行役による業務執行と社外取締役を中心とした三つの委員会を中心とした取締役会による監督機能への分離がなされ，従来の取締役会が担っていた執行機能と監督機能の分離が行われることになった。これにより，監督する側とされる側が同一であるという問題を解決し，経営の透明性の確保と取締役会の監督機能の強化とを目指している。

（2）委員会設置会社制度の問題点

　平成14（2002）年の商法改正で導入され，会社法にも引き継がれた委員会設置会社制度は，アメリカの統治システムを倣ったものということができる。

　では，アメリカにおける最高経営組織の監督機能が有効に機能しているのかという点で検討する余地がある。

第7章 コーポレート・ガバナンス

　社外取締役が多数を占める各種委員会において，取締役の指名，報酬の決定，監査などを行うことにより，社外取締役には監督機能を実効あるものとすることが求められている。

　社外取締役が求められている機能を果たしているかどうかに関しては，すでに1971年にメイスは多くのインタビュー調査により，社外取締役もまた実質的にCEO[2]によって選任されており，一般的に社外取締役に求められる機能である"株式会社の，基本目的，会社レベルの戦略，および，全般管理者的な政策の策定"，"鋭い質問をすること"，"社長を選任すること"の機能に関しては，たいていの取締役会では果たされていないとしている[3]。このようにアメリカにおいても社外取締役に求められている監督機能は果たされていないとしている。

　しかしながら，コーポレート・ガバナンスの観点からは社外の人材の必要性が指摘できる。内部者にみられる視野の狭さを指摘し，広い視野の下，企業を取り巻く多くの環境主体に配慮した経営を行うことが重要であり，企業内の意思決定過程の透明性を確立させることが必要である。

　社外取締役の導入においては，単に社外の人間を取締役に指名するだけでは，本来の目的を達成することはできないことは，これまでみてきた通りである。

　社外取締役が指名，報酬，監査委員会や取締役会で求められている機能を遂行するためには，利害関係のない独立した立場にある人材が必要である。

　社外取締役は株主等の利害者集団を代表して，企業行動の監督を行う必要があり，そのことが企業行動の透明性を確保することにもなる。

　しかしながら，現状においては社外取締役の特定人物への集中など人材面の不足などの問題を抱えているのが現実である。

　その点では，他の企業の経営者を社外取締役に選任するのみではなく，広く人材を求めることも必要である。

　さらに企業の努力のみではなく，人材を供給する体制の構築も必要である。

4　会社法の問題点

　平成18（2006）年5月施行の会社法は，商法，商法特例法など複数の法律で規定されていた会社に関する法律を一本化し，株式会社の機関設計が規模および公開会社であるかなどの性質により大幅に柔軟度が増した。これにより，日本の株式会社は取締役会設置会社，監査役会設置会社，委員会設置会社，会計参与設置会社などを選択することが可能となった。

　規模においては従来の小会社の規定は削除され，大会社のみが従前同様，資本金額が5億円以上あるいは負債総額が200億円以上（会社法第2条6項）として規定されたことにより，株式会社は大会社とそれ以外の会社という区分となった。

　株式会社の性質として，公開会社という規定が置かれた。「その発行する全部又は一部の株式の内容として譲渡による当該株式の取得について株式会社の承認を要する旨の定款の定めを設けていない株式会社」（第2条5項）を公開会社と規定している。

　この規模と性質により第326～328条において，株式会社の機関設計が規定されている。その際，大会社であるか，公開会社であるかにより，機関設計の柔軟度に差異が生じてくる（第327，328条）。

　大会社であっても公開会社でない株式会社においては，取締役会を設置しないことも可能となっている。このことは企業統治上，公開会社でないという条件があるとはいえ，大会社では，問題があると考えられる。

　公開会社ではない株式会社においては，株主総会が実質的に監視機能を発揮すると想定されているが，実質的な業務の監視機能を実効あるものとできるかどうかが問題である。株主総会は現在，通常年1回であり，公開会社ではない株式会社であることで株主が少数だと推測しても，業務執行を監視するほど株主総会を開催することは不可能である。

　さらに現在，MBO[4]により，非公開化する大企業も現れていることから，その結果として，株主総会で株式の譲渡制限を定款に定めることも可能になり，取締役会の設置を再検討することも可能となる。

5　日本企業におけるコーポレート・ガバナンス

　日本企業においては，コーポレート・ガバナンスに関して，度重なる商法改正と整理・統合した会社法制定という大きな転換期である。

　今回の会社法の制定により現在，日本企業を取り巻いているさまざまな問題を解消することが可能かといえば，解決するには至っていない。

　日本企業にさまざまな点で柔軟性を与え，選択肢を広げているが，コーポレート・ガバナンスという観点から考察すると，大会社において取締役会の設置が条件により，任意になる場合が生じることは監視機能の弱体化になる可能性がある。

　さらに，社外取締役，社外監査役，新規に規定される会計参与など企業外の人材の確保には大きな問題がある。前述のように社外監査役に関する規定が企業外部の人材不足を理由に法律の施行が3年繰り延べられ施行されたという事実でも，社外取締役をはじめとする企業外部からの人材確保が容易でないことがうかがえる。特に，適任の人材を確保する場が企業外部に確立されておらず，独立性の確保に問題がある。

　現在，企業経営に求められていることは経営行動の透明性である。その点を検討すると，委員会設置会社においても，従来の監査役（会）制度においても，外部からの監視の目の導入ということでは同じ方向性である。

　特に求められるのは企業経営における倫理基準の確立である。そこでは社外取締役の役目が重要な位置を占めることになる。内部者にみられる視野の狭さを指摘し，広い視野の下，企業を取り巻く環境主体に配慮した経営を行うことが重要である。

　そのためには企業内の意思決定過程の透明性の確立が重要になってくる。法を制定し，制度を作れば，それだけで問題がなくなるわけではないことはいうまでもない。法や制度がなくても，倫理基準を常に見直し，企業を取り巻く環境に適合させていくことが重要である。

　コーポレート・ガバナンスの確立には，常に見直しを続けていくことが必要である。

注

1) 日本企業において，取締役会改革を早い段階で行ったのは，カンパニー制を早期に採用したソニー㈱である。平成9 (1997) 年に取締役会改革として，取締役会を①業務執行の監督を行う機関として位置づける，②取締役候補は社内外から選任する，③社外取締役の増員をし，将来的には5人から6人にする，④活発で十分な議論がなされ，的確な意思決定を行うために構成員数の最適化を図る，⑤意思決定および監督機能と執行機能の分離を進めることを内容とした改革を行い，さらに執行役員制を導入した。ここであげられた理由から，コーポレート・ガバナンス (corporate governance) の視点からの改革であることが読みとれる。その結果，取締役は38人から10人（うち，社外取締役3人，内部取締役は執行役員兼任）となり，執行役員27人（うち，元取締役18人）となった。このように取締役会の総数を約4分の1にし，取締役会本来の機能の回復を図るとともに，執行役員は各カンパニーのプレジデントをはじめ，担当業務に専念できる体制を確立した。

2) CEO は Chief Executive Officer の略である。最高経営責任者あるいは代表執行役である。米国型企業において，経営実務に責任と権限を有するトップ マネジメント担当者のことである。

3) Mace, M. L., *DIRECTORS : Myth and Reality*, Harvard Business School Press, Boston, 1971 & Revised 1986, pp. 10-71.（道明義弘訳『アメリカの取締役：神話と現実』文眞堂，1991年，10〜81ページ。）

4) MBO は Management Buy Out の略である。企業買収手段の一つで，企業や事業部門の経営者や幹部社員が，当該事業の継続を前提として株主や親会社から株式もしくは営業資産を買い取って，経営権を取得するもの。経営陣ではなく従業員の場合，EBO（Employee Buy Out）とも呼ばれる。

参考資料

・通産省産業合理化審議会答申「事業部制による利益管理」（古川栄一，中山隆祐，青木茂男，鴈本弘共著『事業部制のすすめ方』経林書房，1960年の付録に収録），同書，246〜247ページ。
・森本三男『現代経営組織論』学文社，1998年。
・伏見多美雄・渡邊康夫「マネジメント・コントロール・システムとしての事業部制と

カンパニー制」『慶應経営論集』慶應義塾経営管理学会，第13巻第1号，1995年7月，62～63ページ。
- 下村昌作「コーポレート・ガバナンスに関するアンケート調査結果の概要」『旬刊商事法務』No. 1511，1998年12月5日，9～14ページ。
- Mace, M. L., *DIRECTORS : Myth and Reality*, Harvard Business School Press, Boston, 1971 & Revised 1986.（道明義弘訳『アメリカの取締役：神話と現実』文眞堂，1991年。）
- 「勝ち組企業が挑む取締役会改革」『週刊ダイヤモンド』ダイヤモンド社，2003年6月28日号，46～54ページ。
- 新川 本「企業の最高経営組織と監督機能」『経営行動』Vol. 8 No. 1，経営行動研究所，1993年，71～75ページ。
- 財務省財務総合政策研究所「進展するコーポレート・ガバナンス改革と日本企業の再生」，2003年6月。
- ㈳日本経済団体連合会「会社機関のあり方に関するアンケート」2003年2月18日。
- 「取締役会改革の衝撃」『DIAMOND ハーバード・ビジネス・レビュー』ダイヤモンド社，2002年4月号。
- 平田光弘「21世紀の企業経営におけるコーポレート・ガバナンス研究の課題」『経営論集』第53号，2001年。
- 松尾直彦「米国企業会計改革法への対応と現状」『商事法務』No. 1667，2003年7月5日号。
- 水谷内徹也「ステイクホルダー・ガバナンス試論―社会志向の企業統治構想―」日本経営学会，第77回大会報告要旨，（2003年9月）。

(新川　本)

Ⅱ 韓国のコーポレート・ガバナンス

1 韓国のコーポレート・ガバナンスの特徴および問題

韓国企業は大企業であれ，中小企業であれ，所有と経営の未分離によって支配株主であるオーナー経営者に支配権および経営権が集中している。特に，財閥（Chaebol）と呼ばれるコングロマリット・グループ（conglomerate group）におけるオーナー経営者およびそのファミリーメンバーは企業グループに属する系列会社の企業の重要な意思決定および経営陣を完全にコントロールしている。この点が欧米や日本の企業と異なる最大の特徴である。いわゆる所有経営者主義「owner-managerialism」であるといえる。

この所有経営者主義における重大な問題は，経営者の支配権の独占および牽制なき経営権の行使であり，コーポレート・ガバナンスの問題でもある。したがって，韓国におけるコーポレート・ガバナンスの構築は，オーナー経営者の執行活動を監視できるシステムの構築が最大の問題である。

韓国のコーポレート・ガバナンスの特徴および問題として，以下の三点が挙げられる。

（1）韓国のトップマネジメント構造とその問題

韓国の会社の機関としては，最高意思決定機関としての株主総会と，「会社の業務執行に関する意思決定および取締役の職務執行を監督する権限を有し，取締役全員で構成される株式会社の必要常設機関」として取締役会（韓国商法383条），および「取締役の業務執行を監査し，また，会計を監査する権限を有する株式会社の必要常設機関」としての監査役がある。これらの会社機関がコーポレート・ガバナンスの役割を果たすこととなるのである。

しかし，韓国においてこれらの会社機関のコーポレート・ガバナンスの機能はほとんど機能しなかったのである。そこで，会社機関のガバナンス問題を検討してみよう。

第 7 章　コーポレート・ガバナンス

1) 株主総会の形骸化

　　株主総会は名目上の行事にとどまっており，経営監視機構としてその機能を発揮していなかった。株主総会が形骸化した要因としては，上場法人の株主総会が特定期間，特定日に集中している。97年12月末決算の上場法人の開催日をみると，約70％が2月末から3月中に集中している。このように株主総会の開催日が集中していることは，会社とその支配株主が少数株主の参加を制限していることを意味している。大企業グループの場合，大部分の創業者およびその家族が支配的株式持分を保有し，経営権を掌握している。そのため，株主総会において大株主以外の少数株主の発言力は影響力をもたない。また，機関投資家も，会社の提案に対して支持する程度の役割しかなく，機関投資家の活動は極めて弱いことも問題である。株主に対する情報開示が適切になされていないこともあげられる。

2) 取締役会の監視機能不在および監査役の独立性の欠如

　　韓国の株式会社において，取締役会は上場会社の場合でも支配株主およびオーナーが会長，代表取締役，または非常勤取締役の名称で取締役会の構成員として参加し，経営権を行使している。取締役会の構成員は，大部分がオーナー経営者により選任されたメンバーで内部昇進者，親族関係にある構成員で構成されている。このように支配株主であるオーナー経営者が取締役の選任に実質的な権限を行使しているため，取締役の独立性が欠如しており，彼らによる監視機能はほとんど機能しなかった。また，企業の規模が大きければ大きいほど取締役会の人数も多かった。たとえば，1996年から98年までの1兆ウォン以上の企業における平均取締役数は25.7名であった。

　　監査役の問題点も取締役会と同様，監査役の選任が代表取締役によって実質的になされており，監査役が取締役会および代表取締役から独立していないことなどがあげられる。以上のように，経営者の執行活動に対する監視・チェック活動を行わなければならない会社機関が絶大な経営権およ

び支配権を有する支配株主・オーナー経営者の執行活動を監視することはなかったのである。

（2）利害関係者の利害が保護されない点
　支配株主であるオーナー経営者に絶対的な支配権があり，オーナー経営者の私的利益が優先され，少数株主，従業員，債権者などの利益が保護されないことである。オーナー経営者に権限が集中していることによって，オーナー経営者の独善的・専横的経営に対する牽制と監視が働かなかったのである。韓国財閥のオーナー経営者はすべての系列企業をほとんど完全にコントロールしており，彼らは，自分自身の利益のために少数株主の利益を侵害し，収奪できる。つまり，韓国企業においては，集中的な所有権を利用して直接・間接的に経営をコントロールしている支配株主であるオーナー経営者は，一般の少数株主，債権者などの利益より自分自身の利益の最大化を図り，利害関係者の利益を保護しなかったのである。

（3）支配株主・オーナー経営者の責任回避
　実質的な支配権を持っている支配株主（オーナー経営者）が行使する権限に相応する法律的な責任を負わない点である。オーナー経営者が就任しているグループ会長という職が法的責任を負わないことによって，責任を回避するおそれがあった。グループ会長職にある者は，経済危機以前までは代表取締役に就いていなかったため，グループ会長は企業経営に関する意思決定権をもつが，責任は負わず，チェックされなかったのである。

2　コーポレート・ガバナンスの改革
（1）改革の背景
　韓国においてコーポレート・ガバナンス論が注目を浴びるようになったのは，1997年の経済危機以後，非効率的かつ不透明な経営などが原因で，多くの大企業が相次いで破綻したことにより，コーポレート・ガバナンス問題が論

議されるようになった。その経済危機の根本的な原因は,企業内部 (internal discipline) および外部 (market discipline) からのガバナンス・システムの欠如であった。韓国企業の企業統治問題は,オーナー経営体制という経営環境の中で,オーナー経営者に対する執行活動の監視・監督が行われなかった。このような問題を解決するために,政府主導下で,企業経営の透明性を向上させるために本格的な企業統治の改革が推進された。韓国の企業統治改革は,IMFやOECD等外部からの強い要求によるものであったが,韓国国内でも民間委員会として企業支配構造[1]改善委員会が設立され,企業統治のガイドラインとなる「企業支配構造模範規準」を発表した。この企業支配構造模範規準はその後行われる商法,証券取引法などの改正に影響を及ぼした。

(2) 社外取締役制度と監査委員会制度の導入

コーポレート・ガバナンス改革の中心となったのは,社外取締役制度と監査委員会制度の導入である[2](図表7－1)。これは,取締役会の機能を活性化させて企業経営の透明性および監視機能を高めるために取り入れた英米型のガバナンス・システムである。商法では,監査に代替できる監査委員会を会社定款により設置できると定めている。しかし,証券取引法では,大規模上場企業に対し,監査委員会の設置を義務づけている。これが日本の「委員会等設置会社」制度と大きく異なる点である。

(3) その他の改革

社外取締役制度と監査委員会制度の導入の他,重要な改革としては,「事実上の取締役」(de facto directors) 制度の導入,会計制度および情報開示 (disclosure) 制度の強化,少数株主権の強化,敵対的M＆Aの全面的許容,外国人の株式投資限度の廃止などがある。

図表7-1　社外取締役制度および監査委員会制度の導入に関する法規定の主要内容

年月	法規定	主要内容
98. 2	有価証券上場規定	全上場法人の社外取締役選任義務化（1人以上）
99.12	商法改正	監査役の代わりに社外取締役を中心とした監査委員会を選択設置
00. 2	証券取引法改正	資産規模2兆ウォン以上の上場法人と証券会社の場合，社外取締役が取締役数の2分の1以上（3人以上）選任義務化および監査委員会設置義務化（社外取締役を3分の2以上），社外取締役候補推薦委員会（社外取締役を2分の1以上）設置義務化
01. 3	証券取引法改正	店頭登録法人（資産総額1千億ウォン未満のベンチャー企業は除外）の社外取締役制度の導入，大型店頭登録法人は大型上場法人同様社外取締役および監査委員会の設置義務化

（出所）　法規定を基に筆者作成。

3　最近の動向

　前述した通りに，韓国ではコーポレート・ガバナンスの改革が行われた。では，改革後，どのような変化があったのか検討しよう。

（1）株主総会

　改革以前の株主総会の形骸化を防ぐために，OECD原則は少数株主が株主総会に参加できるよう，人為的な障害（集中開催日）を取り去ることを勧告している。しかし，実際は，1999年度現在五大財閥は，少数株主との論議を避けるために3月20日に株主総会を開催した。また，2000年では上場企業406社のうちに224社（55％）が同じ日に株主総会を開催した。相変わらず，株主総会の開催は集中しており，少数株主の議決権（voting right）行使が困難な状況である。しかしながら，このような状況でも少数株主の活動は徐々に変わっている。少数株主の活動は市民団体[3]が中心となって委任状による議決権を利用して財閥の株主総会に参加するなど株主行動主義（shareholder activism）を展開

している。これは，少数株主権の要件が緩和され，少数株主権が強化されたことも影響している。

（2）取締役会と監査役会

　コーポレート・ガバナンスの改革の核心であった社外取締役制度および監査委員会制度の導入が義務化され，取締役会の人数も大幅に減少している。たとえば，「三星電子（サムスン）」の場合，1997年度の58名から2001年度は14名までに減少している。

　また，「事実上の取締役」制度の導入などにより，各企業のオーナー経営者は，代表取締役に就任し，経営責任を負うことになった。さらに，社外取締役の導入状況をみると，2002年度の上場企業の平均取締役数は6.14人に対し，平均社外取締役数は2.03人である。また，社外取締役数が2名の会社が42.9%ともっとも多く，1名の会社が34.1%，3名の会社が11.9%，5名以上の会社が6.7%であった。監査委員会設置会社は，設置が義務づけられた会社（2兆ウォン以上の上場企業）69社と自主的に設置した会社12社となり制度的に定着してきた。しかし，その運営に関しては，全上場法人の社外取締役の選任において支配株主および経営陣による推薦が76%を占めており，社外取締役の独立性の問題が提起されている。

（3）その他の改革

　その他の改革による変化をみると，会計制度の強化による会計の透明性の向上，情報開示制度の強化による情報開示の活発化，外国人の株式投資限度の廃止によって外国人株主が増加し，株式市場によるモニタリング・システムが整備され始めた。また，この5年間の上場企業の収益率も上昇している。このように韓国におけるコーポレート・ガバナンスの改革はまだ，満足するほど，改革の効果があらわれているわけではないが，徐々に改善されてきている。

図表7－2　2002年度上場法人の所有者別株式分布

(単位：%)

所有者別	政府・公共機関	機関投資家						法人	個人	外国人	合計
		証券	保険	投資信託	銀行	その他の金融機関	合計				
株式数	7.4	0.8	1.0	3.0	17.8	2.0	24.6	21.0	35.5	11.5	100
時価基準	5.7	0.7	2.3	6.0	5.5	1.4	15.9	20.1	22.3	36.0	100

(出所)　韓国証券取引所『月刊株式』，2003年4月号。

4　課　題

　以上のように韓国は，望ましいコーポレート・ガバナンスの確立のための第一歩を踏み出した段階であり，まだ，解決すべき課題が残っている。韓国のコーポレート・ガバナンスの問題の根本にあったのは，支配権および経営権が支配株主・オーナー経営者へ集中していることによって発生する問題である。改革後，このオーナー経営体制は残念ながら変わっていない。おそらく，これからもこの体制は変わらないであろう。しかし，コーポレート・ガバナンスの改革によって，オーナー経営者の執行活動を監視し，牽制するモニタリング・システムは整えられたといえるであろう。今後韓国における好ましいコーポレート・ガバナンスの構築は，改革によって整備された制度を効率的に活用し，企業経営の透明度を向上させ，国際社会から失われた信頼を取り戻すことが最大の課題であろう。

注

1)　韓国では，「Corporate Governance」と英語で表記し，韓国語では「企業支配構造」と訳されている。企業支配構造と訳しているのは，韓国の大企業グループにおけるオーナー経営者が企業に対して絶対的な支配権を有しているため，企業支配の問題が以前から問題になっていたためではないかと思われる。
2)　ただし，98年の有価証券上場規定の改正により，監査役会を維持する場合，社外監査役の選任が義務づけられた。

3) 1994年9月に発足した市民運動団体。本来の名称は「参与民主社会と人権のための市民団体」(PSPD, People's Solidarity for Participatory Democracy) である。「参与連帯」は国家権力に対する監視および政策案の提示，実践的市民行動を通じた民主主義の建設を目標にしている。最近では少数株主運動を主導している。

> 参考資料

- Jill Solomon, Aris Solomon and Chang-Young Park, A Conceptual Framework for Corporate Governance Reform in South-Korea, *Corporate Governance*. vol. 10, 2002.
- Hasung Jang and Joongi Kim, Nascent Stages of Corporate Governance in an Emerging Market: regulatory change, shareholder activism and Samsung Electronics, *Corporate Governance*, vol. 10, 2002.
- 金　在淑「最高経営組織の機能および構成の日韓比較－制度的観点から－」『経営行動研究年報』第12号，2003年，87～91ページ．
- 日本監査役協会・韓国調査報告書「韓国のコーポレート・ガバナンス」『月刊監査役』465号，日本監査役協会，2002年，29～51ページ．
- 野呂国英・赤間　弘「韓国の企業改革について－政府主導から市場主導の改革への移行－」日本銀行国際局ワーキング・ペーパー・シリーズ，2003年．

(金　在淑)

Ⅲ 中国国有企業のコーポレート・ガバナンス

　中国国有企業の企業統治システムは大きく二つの段階に分けることができる。一つは，国営企業の企業統治システムの段階である。二つ目は，国営企業が国有企業に変わり，近代的企業統治システムへの移行の段階における企業統治システムである。

1　国営企業における企業統治システム
（1）計画経済期
　まず，計画経済期にあたる1950年代から70年代を一つの段階としてとらえることができる（図表7－3参照）。

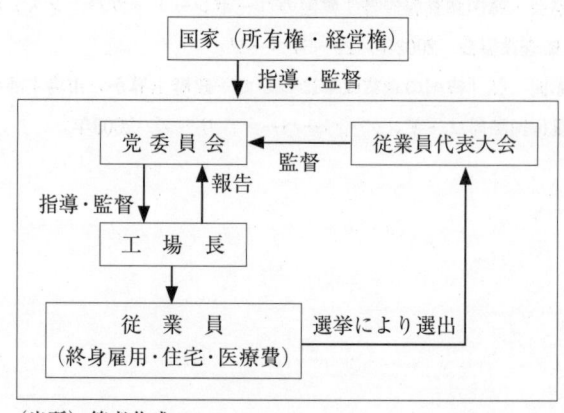

図表7－3　国営企業の企業統治システム

```
           国家（所有権・経営権）
                 ↓ 指導・監督
  ┌─────────────────────────────────────┐
  │  党委員会  ←──監督── 従業員代表大会  │
  │     ↑ ↓ 報告                          │
  │ 指導・監督                            │
  │    工 場 長                           │
  │       ↓                               │
  │    従 業 員        ←選挙により選出   │
  │（終身雇用・住宅・医療費）             │
  └─────────────────────────────────────┘
```

（出所）筆者作成。

　この段階では国が企業の所有権と経営権を所有し，企業に対してマクロ的な管理を行った。国の主管部門の判断によって，資源配分や生産目標を設定し企業に与え，企業側が目標を達成できるかどうかについて，指導および監督を行う。企業内における統治システムは党委員会が中心となって，工場長に対して政治思想面について指導し，また，経営管理権と統治権をもって，工場長の活

動を監督する。工場長は党委員会に対して報告の義務があり，党委員会のメンバーは，党代表大会から選出された人によって構成される党委員会書記と工場長を兼任するケースが多かった。すなわち，所有と経営が分離していない「両権混在」と，企業統治システムにおける行政機能と経済機能の「政企混在」の状態であり「両権混在」と「政企混在」は，この時期の企業統治システムの大きな特徴であり，問題点でもあった。

　国営企業の企業統治システムにおいて，もう一つの特徴としてあげられるのは，従業員に対する充実した福祉制度である。具体的には従業員に対して終身雇用を保証し，医療費の保障，住宅の補助を行ったのである。

　計画経済期において，国が所有権と経営権を所有することによって，経営責任が不明確で，企業は与えられた目標を達成できなくても，罰則はなく，さらに従業員の待遇も変わらず，従業員に対する福利厚生制度も企業の負担となりその結果，国営企業が赤字経営状態に陥り，1980年の中国統計年鑑によると赤字総額は34.30億元となった。

（2）国営企業の改革期における企業統治システム

1）工場長請負化制度

　改革期は80年代から90年代初期において，国営企業の赤字経営を改善するため，工場長請負制度と公司化が導入された。工場長請負制度とは，国が今まで所有していた経営権を手放し，工場長[1]に経営自主権を与え，工場長は国の主管部門と経営請負契約を結ぶ形式をとることである。ここでいう経営自主権は，主に生産目標設定権，製品価格決定権，従業員の採用権，人事権，投資権，対外貿易権等を指す。その形態は利潤逓増請負，欠損削減請負，利潤上納請負[2]等の形態が含まれる。工場長請負制度において，請負形態は単一的な形態と，いくつかの形態を合わせる形式をとる場合がある。

　請負制度の特徴として，一定期間経営自主権が与えられたことによって，ある程度の所有と分離が図られたことがあげられる。したがって，所

有と経営の分離によって，行政的関与が多少避けられたと同時に，工場長は一定の経営責任を負うことになるので，経営者と従業員の積極性を引き出すことができた。しかし，問題点もある。国による行政的干渉は依然として存在し，経営責任の所在は改革前よりは明確になったものの，完全に明確にされていないことが大きな問題である。もう一つの問題点は，経営者の任期が限定されているため，企業の長期的発展の視野に立って，経営活動を行うことに制約があることである。

2) 公司化

改革期において，業種別の経済発展と業種管理の強化のため，業種別公司の組織化が図られ，国営企業の公司化が導入された。公司化の特徴は工場を業種別に束ねて公司を設置し，さまざまな経営自主権を工場に直接に与えることである。しかし，公司化の実施に当たって，問題点もある。まず，第一に，独立したはずの公司は実際上総公司の内部システムと化し，所有権と経営権の混在状態は解消されていない。第二に，工場に与えられたはずの経営自主権の一部は総公司に握られ，政府の主管部門に加えて，総公司による行政的指導および監督が行われることにある。経営自主権の一部が総公司に握られた原因として，業種全体の調整という観点から，各工場における生産目標の設定権，製品価格の決定権，投資権，対外貿易権等は工場から総公司に移されることとなったのである。第三に，今まで一つであった主管部門が総公司の設置によって，人員と経費が増加し，企業の負担へと転嫁され，国営企業の経営状態を改善できなかった。

2 近代的企業統治システムへの移行

(1) 株式会社制度の導入

株式会社制度の導入にあたって，三つの段階がある。第一段階は実験期である。実験段階は1980年代から87年に行われ，改革期と同時に進行した。株式を発行し，国，国営企業，従業員がそれぞれ株主となったのである。国営企業の

中で，初めて株式形態を取り入れたのは北京天橋デパートである。今までの企業体制を党委員会，工場長，従業員代表大会からなる企業統治システムが株式会社の機関である，株主総会，取締役会，監査役会によって構成される企業統治システムへと改革を行った。実験を通じて，業績が改善された企業が増え，実験企業数はさらに増加した。

第二段階は，1987年から1993年までの推進期である。1987年10月に，第13回党大会において，株式会社制度を推進する方針が決められ，国営企業の株式制度への転換が推進され，行政指導から法律整備による管理へと移行したのである。

第三段階は1993年12月から現在に至るが，1993年12月に会社法が制定され，法律に従って各企業が行動する段階へ移行したのである。

(2) 近代的企業統治システムの特徴

1993年12月に国営企業は国有企業に変わり，1994年7月から実施されることとなった。

なお，1999年12月に会社法の一部が改正され，会社法の制定により，国有企業有限責任会社，株式会社と二種類の形態をとることができるようになった。有限責任会社の中に，国有独資会社[3]も含まれている。

企業統治システムの役割について，会社法に基づいてみてみよう。

まず，株主総会は，年一回の年度大会と，必要に応じて2か月に1回の臨時大会を開催できる。株主総会の主な権限は，a．会社の経営方針，投資計画の決定，b．取締役と監査役の選任・解任および報酬に関係する事項の決定，c．取締役会と監査役会による報告を承認する権利，d．決算の承認等（会社法第102条～111条）があげられる。ただし，国有独資企業においては，社員総会を設置しないこととし，社員総会の代わりに国から権限を譲り受けた専門機関によって役割を果たすことにしている。

取締役会は年2回以上開催する義務があり，構成人数は5～19人によって構成されるが，社内取締役と独立（社外）取締役が含まれる。任期は3年を超え

てはならない。再任は可能である。主な権限は，a．株主総会に対して業務報告を行う義務，b．経営方針と投資計画の決定，c．株主総会の決議を執行する，d．会社の内部管理機構の設置を決定する権限等（第112～123条）が含まれている。

　監査役会の構成は3人以上と規定され，株主の代表と企業の管理職員と従業員の代表によって構成され，管理職員と従業員の割合は定款において定めることになっている。任期は3年となっており，取締役および執行役員は監査役を兼任できない。監査役は取締役会に出席できる。主な権限は，a．会計監査，b．取締役および執行役員の執行活動の監督，c．臨時株主総会の開催を提議する権限等（第124～126条）がある。

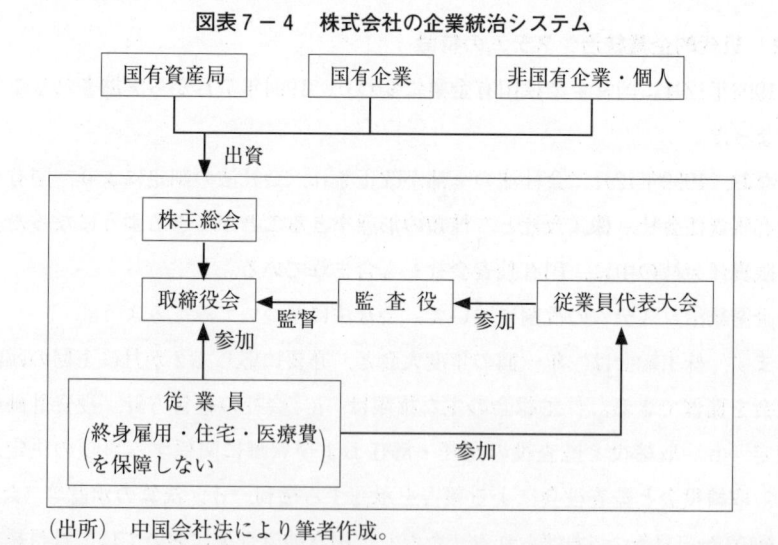

図表7－4　株式会社の企業統治システム

```
┌─────────┐  ┌─────────┐  ┌──────────────┐
│ 国有資産局 │  │ 国有企業 │  │非国有企業・個人│
└─────────┘  └─────────┘  └──────────────┘
         │出資
┌────────────────────────────────────────┐
│      ┌─────┐                           │
│      │株主総会│                           │
│      └─────┘                           │
│         ↓                              │
│   ┌─────┐  監督  ┌─────┐ 参加 ┌──────────┐│
│   │取締役会│←─────│監査役│←────│従業員代表大会││
│   └─────┘       └─────┘      └──────────┘│
│      ↑参加                        ↑       │
│   ┌──────────────┐     参加      │       │
│   │   従業員     │───────────────┘       │
│   │(終身雇用・住宅・医療費)                  │
│   │ を保障しない )                          │
│   └──────────────┘                      │
└────────────────────────────────────────┘
```

（出所）　中国会社法により筆者作成。

（3）近代的企業統治システムの課題

第一に，取締役会の構成に関して，独立（社外）取締役が不足していることである。

「日中上場企業のコーポレート・ガバナンスに関する調査報告」によると，1999年の上場企業300社を対象に調査を行ったが，社外取締役制度を導入していない企業は全体の50％弱を占めていることが明らかになった。

第二に，外部監査役の欠如である。二重監督になっているとはいえ，会社法においても外部監査役の規定はないのである。国有独資企業の株主は国であるのにもかかわらず，国による監査が行われているため，厳正な監督機能が十分に機能しているとはいえないと思う。

第三に，従業員による監督機能の有効性の問題である。株式制度の導入後においても，経営主導権は国にある。従業員による監督活動には限界がある。

現在，国有企業における企業統治システムの構築にあたって，会社法のみならず，上場規定および関連法，またはガイドラインに従い，欧米企業の企業統治システムを参考に行っている。90年代後半から海外で上場した中国企業が積極的に取締役会の中にいくつかの委員会を設置するアメリカ型の企業統治システムを取り入れたことは，国内の国有企業にも影響を及ぼしている。2003年第10期全人代第一次会議において，国有企業の改革を迅速に推進していくため，国家国有資産監督管理委員会を新たに設置し，従来の中央官庁の体制を整理統合した。現在，国家国有資産監督管理委員会の直轄する企業は大型国有企業186社で，地方政府にも国有資産監督管理委員会を設置し，地方レベルにおいて，中型国有企業の監督管理および中小型国有企業の整理統合を行い，国有企業の株式化をさらに推進している。しかし，企業統治システムの構築にあたって，所有権の構造と明確化，従業員による実質的な監督機能の実行，そして，経営倫理を備えた経営者の育成が大きな課題となっている。

> 注

1) 工場長の選任方法は三つある。国の主管部門によって任命されるケースと，国の主管部門によって招聘または指名した後，従業員代表大会の合意を得て，工場長に選任されるケースがある。もう一つは従業員代表大会の合意を得て，工場長に選任されるケースがある。もう一つは従業員代表大会から選出あるいは推薦され，国の主管部門によって，任命されるケースがある。
2) 利潤逓増請負というのは，工場長の在任期間は3～5年と規定されているが，その間において就任当時の利潤率を基準とし，1年目はX％，2年目は$(X+Y)$％，3年目は$(X+Y+Z)$％を達成することを契約する形態である。欠損削減請負形態は，就任当時の欠損額を基準に，在任中において，毎年欠損額を減らしていく形態である。利潤上納請負も同じく，就任当時の国に収める利潤額を基準に在任中に利潤額を増やしていくことを契約で結ぶ形態を指す。
3) 国有独資会社とは，会社法第64条によると，投資につき国家の授権を受けた機関または国家の授権を受けた部門が単独で出資し，設立した有限会社を指す。すなわち，100％国が出資している。国有独資企業は中国の特殊産業，または特定の業務を営む会社がこの形態をとる。ここでいう特定産業は，主に航空産業，兵器産業，水力および電力供給産業，通信都市交通産業を指す。

> 参考資料

・李　維安『中国のコーポレート・ガバナンス』税務経理協会，1998年。
・金　山権『現代中国企業の経営管理』同友館，2000年。
・中兼和津次編『現代中国の構造変動2－経済－構造変動と市場化』東京大学出版会，2000年。
・清河雅孝監訳『中国商事法－会社法／手形・小切手法　法規集』中央経済社，2001年。

（金　海敬）

Ⅳ 中国上場企業における企業統治システム

中国は近代的な企業制度としての株式会社制度を1990年代以降本格的に導入し，国有企業の改革を推進してきた。そうした過程において中国企業のコーポレート・ガバナンス・システムの問題も次第に表面化しつつある。

中国企業の企業統治システムの最大な問題は，株主によるチェック・システムがうまく機能していないことである。その原因は中国企業の最高経営組織の仕組み，所有構造，情報開示システムなどさまざまな問題があると考えられる。さらに，中国の企業統治システムそのものは，制度としてまだ完全に確立されていないとの指摘もある。ここでは，上場規制の観点から中国上場企業の企業統治システムの仕組み，特徴ならびに問題点について考察してみよう。

1 中国における上場規制の現状とその背景

現在，中国では上海証券取引所（1990年），深圳証券取引所（1991年），さらに香港証券取引所を合わせて，三つの証券取引所が存在する。1993年12月に中国初の「会社法」（1999年第一次改正，2005年第二次改正），1997年に「上海証券取引所株式上場規則」と「深圳証券取引所株式上場規則」，1998年12月に「証券法」（2005年第一次改正）が制定され，実施された。株式制度の導入に必要な関連の諸法律，法規が次々に整備されている。

さらに，上場企業に対し有効な企業統治システムを確立するため，2001年8月16日に中国証券監督管理委員会（以下，中国証監会と略す）は「上場企業における独立取締役制度の確立に関する指導意見」を公表した。これまで上海，深圳の証券取引所がそれぞれ独自に定めていた上場企業の企業統治に関するガイドラインを統一し，より整合性をもたせるため，翌年の2002年1月7日に中国証監会，国家経済貿易委員会は連名で「上場企業のコーポレート・ガバナンスの原則」を制定・公表し，実施された。

中国上場企業の所有構造の典型的な特徴は，株式の高度な集中所有である。しかも，国有株と法人株などの非流通株式が多数を占めている。そのうえ，民

間企業による株式上場も急増し,特に家族経営の企業は上場企業の株式を直接または間接に所有する方法を通して,上場企業を支配し,株式の集中的所有の傾向をさらに強めており,株式の所有構造はますます高度に集中するようになっている。

以上のような状況を踏まえて,中国上場企業の企業統治システムを強化しようとする背景には,次のような事情がある。①上場企業による粉飾決算,株価の意図的な操作,虚偽の情報開示,インサイダー取引など上場企業をめぐる企業不祥事が相次いでおり,少数株主をはじめ株主による損害賠償請求が跡を絶たない。② WTO の加盟と中国企業による海外資本市場での資本調達が次第に多くなっているため,中国企業の企業統治システムのあり方に対する海外投資家たちの見方,要求が一段と厳しくなっていること,③国有上場企業の場合は国家または政府が上場企業の大株主として絶対的な支配的地位にある。これによって,上場企業の内部者による少数株主の正当かつ合法な権益を軽視するような行為が行われていたこと。④一部の上場企業は独立取締役制度を自主的に導入するようになったが,統一した明確な基準がなく,各企業はそれぞれの独自の基準に基づいて独立取締役を選んでいる状態であること。⑤今後中国企業の発展には安定な社会と健全な資本市場が不可欠で,そのため,有効なガバナンス・システムをもつことが絶対の条件となっている。

このように,中国上場企業では支配株主の行為をいかに規制し,少数株主の利益をいかに保護するかが課題となっており,資本市場の健全化を図るためにも,上場企業の企業統治システムを制度化することが中国にとって緊急な課題となっている。

2　上場企業の最高経営組織の仕組み

中国の「会社法」で,株式会社の最高意思決定機関は株主総会,取締役会,監査役会で構成することを決めている。会社法は取締役会を5～19人で構成することを定め,株主総会に対して責任を負うと規定している。監査役会の構成はドイツ型の労使共同決定制度の影響を受け,メンバーは株主代表と従業員,

労働者代表からなる。人数は3人を下回ってはならない。監査役会は株主総会に責任を負う。組織上では監査役会は取締役会と同格的な存在である[1]。また、上場企業に対して、取締役会には取締役会秘書を1名必ず任命しなければならない。取締役は取締役会秘書を兼任できる[2]。

上場企業の場合は取締役会には、少なくとも3分の1が独立取締役で構成することが義務づけられている。その内に少なくとも1名の会計専門家、すなわち、公認会計士またはそれに相当する上級資格を有する者を含まなければならない[3]。

独立取締役の任期は他の取締役と同様で1期につき3年、任期満了後再任が可能である。ただし、再任期間は6年を超えてはならない。独立取締役は原則として5社まで上場企業の独立取締役を兼任できる。

（1）独立取締役の定義と職責

中国証監会は独立取締役を次のように定義した。「当該上場企業において取締役以外の職務を兼任しない。また、当該上場企業および主要株主との間に独立かつ客観的な判断を下すのに影響するような関係を有しない取締役を指す」と定めている[4]。

独立取締役の主な形式的要件は、次の六つである。

① 5年以上法律の仕事に携わった経験、または企業の経営管理の経験および必要な職業経験を有すること
② 中国証監会の事前承認と中国証監会または中国証監会に委託されている機関の主催する研修への参加が必要な条件であること
③ 上場企業またはその関連企業の従業員および直系の親族と血縁関係を有しないこと
④ 直接的または間接的に当該上場企業の発行済株式の1％以上または上位10大株主のうちの個人株主とその直系の親族でないこと
⑤ 直接的または間接的に当該上場企業の発行済株式の5％以上を有する法人株主あるいは上位5社法人株主企業の従業員およびその直系の親族でな

いこと

⑥　当該上場企業とその関連企業に法律，コンサルティング，財務会計など関連のサービスを提供する者でないこと

などである[5]。

　独立取締役の権限は①重大関連取引に関する認可，②公認会計士（事務所）の任免に関する提案，③臨時株主総会の召集，④取締役会の招集を求めること，⑤外部監査人，諮問機関の招聘，⑥株主総会の開催の前に株主の議決権行使の委任状を公に募集することである。

　これ以外，独立取締役はまた次の六つの事項について，「独立」の意見を述べることが要求されている。①取締役の指名と任免，②支配人を含む重要使用人の任免，③取締役と支配人を含む重要使用人の報酬，④上場企業の株主，実質的な支配者ならびに関連会社が上場企業に現在保有し，または新たに発生している総額300万元以上あるいは最近の会計監査で純資産の5％以上の負債とその他の資金の流れを把握し，ならびに上場会社は有効な措置によって債権を回収しているかどうか，⑤少数株主の権益を侵害する可能性があると認められる事項，⑥会社定款に定めているその他の事項について，「独立」的な意見を述べなければならない。

　独立取締役の指名に関しては，上場企業の取締役会，監査役会，単独または複数で上場企業の発行済株式の1％以上を所有する株主は独立取締役の候補者を指名できる。かつ株主総会の決議を経て決定する[6]。

（2）専門委員会の設置と役割

　また，上場企業の取締役会の中に株主総会の決議に基づき，会計監査委員会，指名委員会，報酬委員会，経営戦略委員会の四つの専門委員会を設置できるが，強制的な制度ではない。各委員会の構成は全員取締役で構成し，うちの会計監査委員会，指名委員会，報酬委員会の2分の1以上の構成員は独立取締役で構成され，かつ独立取締役は招集者を務めなければならない。会計監査委員会の中で，少なくとも1名の独立取締役は会計専門家であることが要求され

第 7 章　コーポレート・ガバナンス

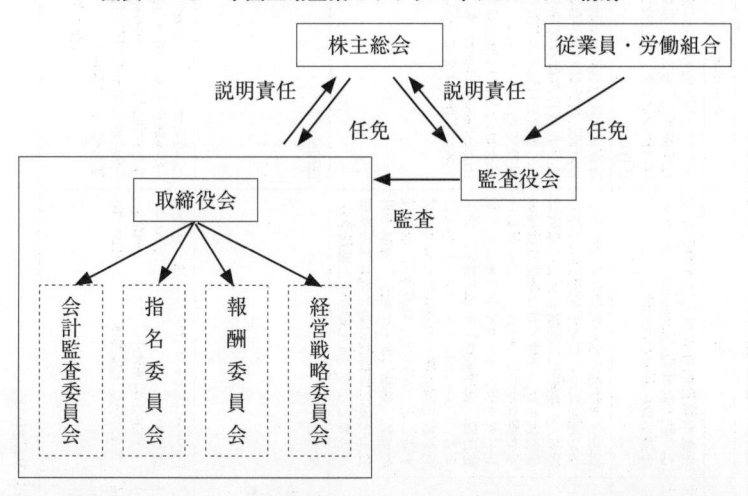

図表 7 － 5　中国上場企業のトップマネジメントの構成

```
            株主総会              従業員・労働組合
          ↗ ↙    ↗ ↙
      説明責任    説明責任
            任免              任免
                        監査役会
      取締役会  ←────
                    監査
    ↙    ↓    ↓    ↘
  会計   指名   報酬   経営戦略
  監査   委員   委員   委員会
  委員会 会    会
```

（出所）　中国の「会社法」,「証券法」,「上場企業における独立取締役制度の確立に関する指導意見」,「上場企業のコーポレート・ガバナンスの原則」より筆者作成。

ている）[7]（図表 7 － 5 ）。

　監査役会の設置は「会社法」ですでに義務づけられているが，一方，取締役会の中に会計監査委員会の設置もできることは，監査役会と会計監査委員会とが並存するような形になることが可能となる。しかも，監査役会と会計監査委員会との役割分担はそれぞれ異なっている。

　監査役会には企業全体の財務監査をはじめ，取締役，執行役員およびその他の上級管理者の職務遂行が関連法規に従っているかどうかといった適法性に関する監査の権限が与えられている。監査役は直接に企業の意思決定に参加しない。事後監査に監査の重点を置いている。一方，会計監査役委員会の職責は，①外部監査機関の任免，②上場企業の内部監査システムおよびその実施の監査，③企業の内部監査と外部監査との間の意思疎通，④上場企業の財務状況の監査および情報開示，⑤上場企業の内部統制システムの監査である。メンバー全員は直接に企業の意思決定に参加するため，実質の事前監査ともいえる。

　つまり，中国上場企業のトップマネジメントの構成は米国型の要素を取り

図表7-6　日本，中国，ドイツ，米国，香港地域における上場企業の企業統治システムの国際比較

	日本	中国	ドイツ	米国	香港地域
取締役会	委員会等設置会社の場合は各委員会の中に社外取締役の導入が義務付けられている[1]。	1/3以上は必ず独立非執行取締役で構成すること。うち，少なくとも1名は会計専門家であること。取締役秘書が1名。取締役兼任可。	取締役の任免権は監査役会にある。社外取締役を制度化していない。	独立取締役制度の導入は義務化となる。独立取締役（Independent director）は過半数を占めなければならない。	少なくとも2名の独立非執行取締役を含むこと。取締役秘書が1名。取締役兼任可。
委員会制度	報酬，指名，監査委員会選択する場合は経営戦略委員会を除き，報酬，指名，監査の三委員会には社外取締役がいずれも過半数を占める。	株主総会の決定に基づき，専門委員会を設置する場合には経営戦略委員会を除き，報酬，指名，監査の三委員会は独立取締役で構成する。各監査委員会を構成する独立取締役のうちの1名は，会計専門家でなければならない。	採用せず。	監査（会計専門家の有無ならびに有しない理由について必ず事前開示し指名／企業統治，全構成員は独立取締役の設置は義務化され，指名委員会の設置は義務化され，全構成員は独立取締役のみで構成する。さらに，「コーポレート・ガバナンス・ガイドライン」，「業務行為・倫理規程」を必ず採択，開示すること。「コーポレート・ガバナンスに関する上場基準」（NYSE上場基準）。報酬，指名，報酬委員会に関して独立取締役の指名，報酬委員数の過半数が必要となる（NASDAQ上場基準）。	監査委員会（Audit committee）の設置。構成員の過半数は独立非執行取締役で構成。委員長は非執行取締役がなる。公認会計士と法務担当役員と（compliance officer）を各1名必ず任命すること[2]。
監査役（会）制度	監査役（会）制度を選択する企業は委員会制度を採用しなくてもよい。会計監査人の選任。社外監査役の選任，3人以上の監査役の選任。	監査役会の設置は義務化となる。定款の規定より一定の比率で株主代表と従業員代表によって構成する。	取締役会の上位組織として監査役会の設置が法律で義務化となっている。同人数の株主代表と労働者代表にまで構成すること。	採用せず。	採用せず。
準拠法	「商法」（2001年ならびに2002年の商法改正）「会社法」「証券法」「上場企業における独立取締役制度の確立に関する指導意見」「上場会社のコーポレート・ガバナンスの原則」（1993年）（1998年）（2001年）（2002年）	「モンタン共同決定法」（1951年）「経営組織法」（1952年）「モンタン共同決定法補足法」（1956年）「共同決定法」（1976年）	「サーベンス＝オクスリー法」（企業改革法）（2002年）「NYSE上場基準」（2002年）「NASDAQ上場基準」（2002年）	「公司条例」（2002年）「香港聯合交易所有限公司証券上市規則」（1997年）「香港証券交易所有限公司創業版証券上場規則」（2002年）

（出所）日本，ドイツ，アメリカ，中国，香港地域の「会社法」ならびに関連法律，法規より筆者作成。

1）資本金5億円以上または負債200億円以上の大企業
2）MB（Main Board）に上場する企業は監査委員会の設置を強制しない。GEM（Growth Enterprise Market）に上場する企業は監査委員会の設置，公認会計士と監査役の任命の義務づけられる。

▶ 140

入れながら，しかも監査役（会）制度の機能を重視して，ユニークなシステムを確立しているのが一つの特徴である（図表7－6）。また，監査役会と会計監査委員会の機能分担と独立取締役の研修，認可制度，さらに独立取締役の形式的要件，権限と責任，独立性を明確化することで，中国の企業統治システムが制度として確立されつつことが注目される。

3 今後の課題

今後，中国上場企業の企業統治システムにはより実効性をもたせるために，上場規制に何らかの形でそれに相応な権限と責任を明確させる必要がある。また現在の監査役会制度を改めるところがある。

すなわち，現在の監査役会制度をさらに強化し，上場規制の中に監査役会は新たに独立監査役制度を導入し，3分の2以上は独立監査役で構成することと，公認会計士ならびに弁護士の資格を有する監査役を任命することである。監査システムを一本化することで，それぞれの権限と責任の範囲をはっきりさせることによって，上場企業のガバナンスを効果的に機能させる方がよいであろう。

このように会計，法律それぞれの専門家を独立監査役として迎えることによって，現存の独立取締役制度と並行に用いれば，上場企業の財務監査と適正，適法性監査をより機能的に行うことができ，中国上場企業のガバナンスの健全化を図ることができよう。

以上の問題点は，いずれも制度化することが不可欠だと思われる。また，企業の監査機能を保つためにも，すでに制度化されているガバナンス・システムに対して順次に点検し，修正しなければならない。さらに，企業不正の再発防止には必要な法的規制の強化も検討すべきではないかと考えられよう。

注

1) 中国「会社法」の第102条，112条，124条。
2) 「上海証券取引所上場規則」，「深圳証券取引所上場規則」のいずれも第5章第1節の1と2。
3) 「上場企業における独立取締役制度の確立に関する指導意見」のⅠ-3。
4) 同上の「指導意見」のⅠ-1。
5) 同上の「指導意見」のⅠ-5，Ⅱ-2～3，Ⅲ-1～7。
6) 同上の「指導意見」のⅣ-1，Ⅴ-1①～⑥，Ⅵ-1①～⑥。
7) 同上の「指導意見」のⅤ-4，「上場企業のコーポレート・ガバナンスの原則」第54条。

参考資料

・金山　権『現代中国企業の経営管理：国有企業のグローバル戦略を中心に』同友館，2000年。
・菊池敏夫「企業統治と企業行動：欧米の問題状況が示唆するもの」『経済集誌』第72巻第4号，日本大学経済学研究会，2002年7月。
・晴山英夫「中国株式会社の企業統治」『経営行動研究年報』第11号，経営行動研究学会，2002年5月。
・平田光弘「中国企業のコーポレート・ガバナンス」『経営論集』第57号，東洋大学，2002年。
・白　涛「中国上場の企業統治システム－上場規制を中心として－」経営行動研究会第48回研究部会，2003年6月14日，於明治大学。
・http://www.csrc.gov.cn（中国証券監督管理委員会）
　http://www.cnlist.com（中国上市公司資網）
　http://www.sse.com.cn（上海証券交易所）
・孔　翔「研究報告－独立董事制度研究」『深証綜研字』第0030号，深圳証券交易所綜合研究所，2001年2月12日。
・孔　翔「研究報告－中国上市公司治理研究」『深証綜研字』第0039号，深圳証券交易所綜合研究所，2001年10月11日。

（白　涛）

第8章

ベンチャー企業論

I はじめに

　今日では，経済のグローバル化や成熟化，情報化の急速な進展，自然環境の保全に対する関心の高まりなど，企業を取り巻く環境に大きな変化が生じている。また，少子化，高齢化の問題，地域が抱える問題の多様化，経済的な豊かさよりも生きがい，やりがいを重視するなど個人の価値観や社会的な環境も大きく変化している。このように環境が大きく変化する中で，企業は存続し，発展していかなければならないし，わが国経済もまた，新たな発展の道を模索していかなければならない。

　既存の企業の中では，社内起業家によって率いられた社内ベンチャーが，新規事業の手段となって，企業に新たな成長をもたらす原動力となっている。多様化している地域の問題への対応や新たなコミュニティの創造，再生に関しては，市民起業家（あるいは社会起業家）が中心となってコミュニティ・ビジネスやNPOの形で対応しようとする試みが広がっている。さらには，こうした環境の変化を起業の機会ととらえ，新規事業を行うために新しい企業を起こす人々もいる。こうした人々は，独立起業家とも呼ばれ，独立起業家によって率いられる企業をベンチャー企業と呼んでいる。

　このように，広義の起業家は，社内起業家，市民起業家，独立起業家を含む

143

広い概念であり，こうした起業家が，既存企業の成長や，停滞した地域経済の発展，コミュニティの活性化，新企業の創設を通じて，われわれの経済や社会に新たな活力をもたらす。特に，わが国において90年代の半ばから高まっているベンチャー企業に対する期待は，それらが単に新しい商品やサービスをもたらすだけでなく，新しい市場を作り出し，わが国の経済問題や社会問題を解決する主体とみなされているからであろう。

シュムペーター（J. Schumpeter）は，起業家活動としての新結合（あるいはイノベーション）の遂行が，まずはじめにひとりの起業家または極めて少数の起業家の出現によってリードされ，次にそれがより多くの起業家の出現を促進し，新企業の集団的出現ないし群生過程の展開によって経済発展と好況の局面を迎える[1]と述べた。彼がいうように，経済や社会が持続的に成長あるいは発展し，その活動を活性化させ続けていくためには，イノベーションを利用し，経済や社会に活力をもたらす起業家の活動はいまや不可欠なものである。

本章で取り扱うのはベンチャー企業である。わが国の経済が再び活力を取り戻し，国際的な競争力を回復するためには，「新しいもの」を生み出すことによって付加価値の高い製品やサービスを提供するベンチャー企業の出現が求められる。

II 起業家とアントレプレナーシップ

先述したように，起業家（entrepreneur，アントレプレナー）の存在は，わが国の経済にとって重要な存在になっている。今日の経済や社会に対して，彼らが貢献すると考えられる領域は，リーダーシップ，マネジメント，イノベーション，研究開発，雇用の創出，競争力，生産性，新規産業の育成，地域経済の活性化[2]など多岐に及ぶ。こうした起業家の活動は，アントレプレナーシップ（entrepreneurship，起業家活動・起業家精神）といわれる。

今日におけるアントレプレナーシップ研究の理論的基礎となっているものは，シュムペーターによってなされたものである。シュムペーターは経済発

展を起動させる要因は企業家による生産諸要素の新結合の遂行ないし革新（innovation）であって，それは多くの場合，新企業の創設という形をとると述べている。この新結合は，「もろもろの物および力の相互関係を変更」し，「現在分離されている物および力を結合すること」によって起こされるものであって，新結合の遂行の形態として彼は次の五つを明示している[3]。

① 新しい財貨，すなわち消費者の間でまだ知られていない財貨，あるいは新しい品質の財貨の生産
② 新しい生産方法の導入，すなわち当該産業部門において実際上未知な生産方法の導入
③ 新しい販路の開拓，すなわち当該国の当該産業部門が従来参加していなかった市場の開拓
④ 原料あるいは半製品の新しい供給源の獲得
⑤ 新しい組織の実現，すなわち独占的地位（たとえばトラスト化による）の形成あるいは独占の打破

シュムペーターの提示した起業家の役割は，ベンチャー企業を率いる独立起業家（狭義の起業家）の活動だけでなく，社内ベンチャーの活動や既存企業の新市場の開拓および多角化をも含む広い概念としてとらえることができる。しかし，起業家の活動が経済（あるいは市場や社会に）「何か新しいもの」をもたらすという考え方は，今日においても起業家が果たすべき役割を考えるうえで大きな影響を及ぼしている。

バイグレイブ（W. D. Bygrave）は，シュムペーターのアントレプレナーシップのとらえ方を踏まえながら，より概念的な考え方を示している。バイグレイブによれば，「新規事業を始める人々すべてを起業家」として認識し，「起業家とは，起業のチャンスを捉え，そのチャンスを実現しうる組織を作り出す人である」と定義している[4]。さらに，アントレプレナーシップについては，それを「新規事業を生み出すプロセス」とみなし，「起業へのプロセスとは，チャンスを見いだし，チャンスを実現するために組織を作り出すことにかかわるありとあらゆる機能，活動すべてを含むものである」と述べ，起業家が市場に提

供する「新しいもの」をシュムペーターのように限定せず，より包括的な概念で起業家活動をとらえようとしている。

わが国では，ベンチャー企業の起業家を「独立起業家」と呼称し，「高いロマンに，リスクを感じながらも，果敢に挑戦し，自己実現を図るために，独立性，独創性，異質性，さらに革新性を重視し，長期的な緊張感に耐え打つ成長意欲の強い起業家」[5]であると定義されている場合もある。

前述したように，広義の起業家には社内起業家，市民起業家，独立起業家などが含まれる。社内起業家は既存の企業の中で，新規事業を行うチームのリーダーであり，市民起業家は地域の問題を解決するために組織をつくり活動を率いるリーダーである。これに対して独立起業家は，「新しいもの」を提供するために，自らが中心となって新しい企業を起こす人々である。本章で取り扱うテーマはベンチャー企業であるため，本章で取り扱う起業家（つまり狭義の起業家）は，このうちの独立起業家をあらわすものとする。

ドラッカー（P. F. Drucker）は，マクドナルドを例にあげ，マクドナルドは何も発明していないが，「マネジメントの原理と方法を適用し（すなわち顧客にとっての価値は何かを問い），製品を標準化し，製造のプロセスと設備を再設計し，作業の分析に基づいて従業員を訓練し，仕事の標準を定めることによって，資源が生み出すものの価値を高め，新しい市場と新しい顧客を創造した」[6]と述べ，これがアントレプレナーシップであると説明する。

さらに彼は，イノベーションが起業家に特有の道具であり，それが技術に関する用語ではなく，経済や社会の用語であると述べている。つまり，科学技術に関係する新しい発見だけでなく，経済や社会における変化や新たな機会の発見もまた，イノベーションであると考えている。彼は，イノベーションの機会として①予期せぬことの生起，②ギャップの存在，③ニーズの存在，④産業構造の変化，⑤人口構造の変化，⑥認識の変化，⑦新しい知識の出現をあげている[7]。しかもこれらははっきりと分かれているわけではなく，互いに重複しており，近くからみると，隣り合う窓からみえる景色はあまり変わらないが，遠くからではみえる景色が異なっている七つの窓のようだと説明している。ま

た，これらの順番には意味があり，信頼性と確実性の大きい順に並べられているとしている。

ドラッカーが第一にあげている予期せぬことの生起は，予期せぬ成功や，失敗，出来事などである。日常的な業務における突然起こった成功や失敗が，実は最も確実性の高いイノベーションの源泉であるのに対して，こうした些細な事象の変化は見落とされがちであるという。逆に，一般的にイノベーションと考えられている発明や発見，特に科学上の新しい知識というものは，イノベーションの機会として，信頼性が高いわけでも成功の確率が大きいわけでもないと指摘している。

われわれがベンチャー企業に対して抱くイメージは，80年代の不況時に大企業が行った経営の合理化に伴って増大した失業者を吸収し，ＩＴ技術をはじめとするハイテク技術を核として起業されたベンチャー企業を中心として競争力を回復したアメリカの経験によって，ハイテク志向のものとして固定化されているかもしれない。しかし実際には，ドラッカーが指摘するように，イノベーションの源泉は，日常の中に潜んでいるものであり，その価値を発見し，実行に移すことこそイノベーションを遂行するうえで重要なことだといえよう。

以上を踏まえて整理すると，起業家とは起業の機会を認識し，いずれかの形で革新（イノベーション）を行うことで，新しい製品やサービスの提供を行う，あるいは「何か新しいやり方を導入する」ことを実行する主体として新しく事業を始める人々と考えられる。そして，起業家が新しい事業を起こし，それを成長させていくプロセスがアントレプレナーシップであろう。それでは，こうしたことを行う起業家とは，特別な存在なのであろうか。一般の人とは違う特性をもっているのであろうか。次節ではこの問題を取り扱う。

III 起業家の特性

起業家の個人的な資質については，「今日では起業家とそうでない人を分けるような，はっきりとした行動科学上の特性などは存在しないということがわ

かっている」[8]といわれる。これまで，起業家行動を説明する要因としてもち出されていたものの基礎になっていたのは，マクレランドの「達成欲求」である[9]。この欲求の特徴は，①決定に対して個人的な責任をとりたがる，②中程度のリスクを好む傾向がある，③これらの決定から生じる具体的な成果への関心の三つがあげられる。

この達成欲求以外にも，起業家の特性に関する研究は，心理学者たちによって行われていた。しかし，従来，心理学者が「起業家的特性」と考えているような，「独立した意思決定」，「創造性と革新性」，「リスク・テイキング」，「機会を発見し展開する能力」，「行動の開始と戦略的経営の実践の追求」などの特徴は，「成功する起業家が，こうした特徴のうちのいくつかを必要とすることは疑いのないことであるが，意識的なリスク・テイキングが一般的に考えられているほど重要でない」[10]という認識が広まっている。

このことについては，ティモンズも「起業に関する神話」として次のように指摘している。「起業家には，生まれつきの才覚，天与の創造力，エネルギーなどを持ったものもいるが，これらの能力は，粘土や無地のキャンバスのよう

図表8-1　起業動機の国際比較　　　　　　　　　　　　　　(%)

	米国	シリコンバレー	英国	ドイツ	韓国	日本
社会や人々の幸福を願って	20.2	21.6	4.1	8.1	24.6	22.9
新技術や新製品・新サービスの開発をしたい	23.6	33.3	20.9	22.9	53.1	32.3
自分の人生に挑戦したい	60.1	63.8	38.1	64.6	74.1	63.1
自分の能力を伸ばしたい	56.8	61.4	39.6	55.1	61.6	55.7
家族や一族の幸福を願って	79.1	75.3	68.6	45.9	34.8	42.8
高い収入を得たい	56.3	55.2	48.1	31.9	35.4	33.7
創業資金を確保することが出来たから	12.4	15.2	22.9	4.2	7.5	6.2
社会的に存在感のある会社を作りたい	21.6	23.4	20.4	20.9	29.1	46.4

（注）「まったくなし：1」から「非常に：5」までの5段階評価中上位2段階の割合。
（出所）早稲田大学アントレプレヌール研究会「世界の企業家調査から見た日本のベンチャー支援の課題と方向性」1997年6月。

なものである。数多くの技能，ノウハウ，長年にわたる経験，自己啓発の積み重ねによって始めて起業家が生まれる」[11]。もちろん，成功した起業家の中に，かつていわれていたような起業家的特性をもつ人々も含まれることもあるだろう。しかしそれが，成功する起業家に不可欠な条件ではないと考えられるようになっている。

図表8－1は早稲田大学アントレプレヌール研究会が行った世界5か国の起業動機調査の結果である。この結果によれば，各国とも高いポイントを示した回答は，「自分の人生に挑戦したい」，「自分の能力を伸ばしたい」など，自分の可能性への挑戦をあげる傾向がみられる。つまり，起業家に共通する特性として，自分の人生や生き方を自分で管理することへの強い願望をもっているといってよいだろう。その他の項目をみてみると，英米型と東洋型という分け方ができる。英米型では，「家族や一族の幸福を願って」や「高い収入を得たい」という個人の経済的利益に関する項目のポイントが高くなっているのに対し，日本，韓国の東洋型では，「新技術や新製品・新サービスの開発をしたい」や「社会的に存在感のある会社を作りたい」など社会的な評価に関する項目のポイントが，比較的高くなっている。

ドラッカーは確実性を必要とする人は起業家に向かないとしながら，不確実性を伴う意思決定を行うことのできる人ならば，学ぶことによって，起業家として，起業家的に行動することができる[12]と述べている。先述した達成欲求も，学習や経験によって高められることがわかっている。実際，わが国において導入されはじめている起業家教育も，起業家の特性が生来のものではなく，経験や学習によって習得可能であるという認識のもとに立っている結果であろう。つまり，起業家に必要なのは，自分の可能性に挑戦する意志であったり，自分の人生を自身でコントロールしたいという願望であり，それらをもつ人々が，経験を積んだり学習したりすることでキャリアを形成し，チャンスを認識したとき，起業を意識し，方法を学ぶことによって，アントレプレナーシップが発揮されると考えられる。

Ⅳ 起業のプロセス

　起業家はどのように起業の機会を発見し，それを評価し，事業を始めるのであろうか。起業を意識させるきっかけは何であろうか。また，ここでは，新規事業を開始するまでの準備段階の過程，つまり起業のプロセスについて検討したい。

　バイグレイブは起業のプロセスを図表8-2のようにまとめている。

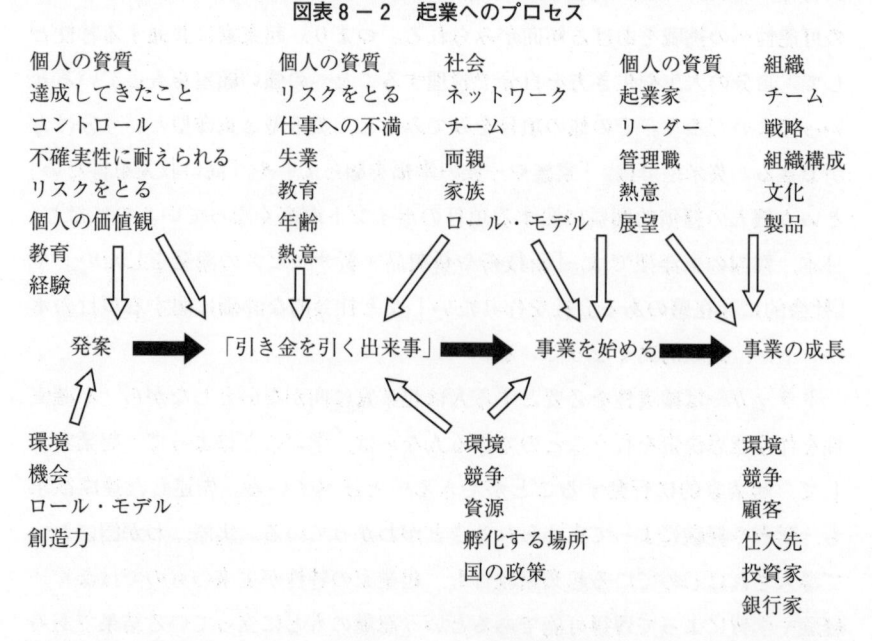

図表8-2　起業へのプロセス

個人の資質	個人の資質	社会	個人の資質	組織
達成してきたこと	リスクをとる	ネットワーク	起業家	チーム
コントロール	仕事への不満	チーム	リーダー	戦略
不確実性に耐えられる	失業	両親	管理職	組織構成
リスクをとる	教育	家族	熱意	文化
個人の価値観	年齢	ロール・モデル	展望	製品
教育	熱意			
経験				

発案 ➡ 「引き金を引く出来事」 ➡ 事業を始める ➡ 事業の成長

環境		環境		環境
機会		競争		競争
ロール・モデル		資源		顧客
創造力		孵化する場所		仕入先
		国の政策		投資家
				銀行家

（出所）　Bygrave, W. D., *The Portable MBA in Entrepreneurship*, John Wiley & Sons, Inc. 1994.（千本倖生訳『MBA起業家育成』学習研究社，1996年，17ページ。）

　彼は，新規事業を生み出す要素として，個人の性格，社会的な要素，環境的要素をあげている。人は自分の経験や受けた教育，価値観といった個人の資質やめぐり合ったチャンスなどから，アイディアを思いつく。そしてそのアイディアを具体的に実現するかどうかは，その個人がもつ性格や置かれている

状況（失業や待遇への不満など），周囲に手本となるような存在があるかどうか（ロール・モデル），一緒に起業を目指す仲間がいるか，協力してくれる人々のネットワークがあるかなど社会的な環境，経済の状況や開業資金の調達状況などを踏まえ，起業を意識する。

アイディアの発見に関しては，現在携わっている仕事や経験を通じての場合が多いといわれる。新規事業全体の90%が，起業家自身が過去に仕事をした経験のある産業，あるいはそれに非常に近い分野で生まれているといわれる。先に述べたドラッカーの言葉にもあるように，最も信頼性と確実性の高いイノベーションの源泉は，日常の業務の中に潜む予期せぬ成功や失敗にある。このことからも，バイグレイブのいう「発案」の場と起業家がキャリアを形成してきた産業が大きく関係していると考えられる。

また，ロール・モデルも起業にとって大きな影響をもっている。成功した起業家を知っていることで，起業家になろうという自分の行動が，より確実性の高いものであると感じるようになるとバイグレイブは述べている。このことについては，ティモンズ（J. A. Timmons）もベンチャーの創業者には，その両親または近親者が事業に従事している家庭の出身者である可能性が高く，そのような家庭で育った子供たちには，ベンチャー創業という行為は特別なことではなく，自分にもできることなのだと述べている。さらに，人は役割を両親や近親者からだけではなく，友人や知人，小説やテレビなど周囲の刺激から学ぶことも多い。シリコンバレーやボストン近郊など成功したベンチャーが集まる地域では，ベンチャー企業の開業も多くみられる。これらの地域では，ロール・モデルが豊富にあり，起業を特別なものと考えない風土を形成しているものと考えられる。

ティモンズは，新規事業の創造を「資源の確保，直面するギャップの解消，構成要件の適合性の確立など，ベンチャー企業のプロセス全体を通じた試行錯誤の繰り返しである」[13]と述べている。ティモンズは新規事業の推進要件を創業者，起業機会，資源の三つであるとし，起業のプロセスとはその適合のプロセスととらえている。

ベンチャー企業の起業の過程で最も重要になるのは起業家（あるいは起業家チーム）の存在であることは否定できない。この点についてティモンズは，アメリカのベンチャー・キャピタル（Venture Capital：以下，VCと略す）の父といわれるジョージ・ドロイトの「AクラスのアイディアとBクラスの経営チームの組み合わせより，Aクラスの経営チームとBクラスのアイディアを選ぶ」[14]という言葉を引用している。これは，起業の成否を分ける要因として，提供する製品やサービスよりも起業家（チーム）の能力が，評価する側によって重視されていることを表している。アイディアそのものは，それについて関心がある，あるいは問題意識をもっている人々であれば，誰にでも思いつき得るものである。しかし，そのアイディアを実際に商品化し，事業として成功させる意欲と実行力をもつ人が行わなければ，せっかくの優れたアイディアも意味のないものとなるかもしれない。そのため，起業家の存在が，第一の要件として指摘されているものと考えられる。こうした状況はわが国においてもあてはまる。VCや銀行などがベンチャー企業に対して評価を行う際，最も重視されるのが起業家自身であるといわれる。

　二番目の要件は起業機会の認識である。彼は起業機会をアントレプレナーシップの起爆剤であると述べており，起業機会とアイディアを同一のものではないと指摘している。つまり，アイディアは起業機会の出発点であり核であるが，すべてのアイディアが起業機会ではあり得ないと述べている。起業家が発見したアイディアは，消費者のニーズや価値観の変化や多様化，市場での競争におけるスピードやタイミング，情報のギャップなどを分析することを通じて，具体的な製品やサービスとして提供できる形に変換され，それが需要ニーズと供給ニーズのギャップを埋め消費者へ受け入れられるものになっている，つまり，市場性をもっており，さらに時宜にかなったものでなければ事業として成立しない。このアイディアを具体的な製品やサービスへ変換することが，事業化のプロセスであり，このプロセスを適切に分析し，評価することによって起業機会が生まれる。

　この起業機会の認識が，その後にベンチャー企業が成長する基盤となってい

く。この起業機会は，状況に極めて左右されやすく，起業家とベンチャー経営チームの特性に加え，競合他社の構成，当該起業機会の潜在的可能性に左右されると考えられている。さらに，新規起業のほとんどが，アイディア，起業家，ベンチャー経営チーム，起業機会の潜在能力に優れているにもかかわらず，ベンチャー企業の存続に不可欠な顧客の確保に至る以前に資金不足に陥ってしまう。つまり，起業家（チーム）が果たすべき役割として，起業機会の認識とあわせて，起業のタイミングも重要視されなければならない[15]だろう。

　三番目の要件は資源である。ティモンズはこの資源にかかわる問題として資源の特定，収集，管理[16]をあげている。企業が事業を始める場合，利用可能な資源には限りがあるのはいうまでもない。とりわけベンチャー企業の場合，既存の企業が新規事業を着手する場合と比べて，利用できる資源が少ないと考えられる。その少ない利用可能資源の中から，事業創造に必要な資源を選択し，有効に活用していかなければならない。起業家に求められているのは，最小の資源から最大の成果を引き出すことである。さらに，すべての資源を自分で保有することは出来ないため，外部の資源を有効に管理し，利用する必要がある。

　バイグレイブ，ティモンズ共に指摘していることだが，起業チームの存在も重要だと考えられる。確かに起業家には自分で自分の運命をコントロールすることへの強い願望が必要であることは先に述べた通りである。そのため，「ひとりでやっていく」ことを望む起業家も多いだろう。しかしながら，複数の起業家による起業チームを利用することには，いくつかのメリットがある。たとえば，チームはいっそう大きい労働力の利用を可能にする，スタート時にバランスのとれた必要な技能や他の資源を用意することができる，などである。ひとりの人の能力には限りがあるし，企業に必要なすべての知識や経験を身につけることも困難である。人はひとりでは達成できない目標を達成しようとするため，組織を作る。したがって，異なる能力をもつ（たとえば技術と営業，財務など）起業チームを組むことも，ベンチャー企業の成長を成功させる要因の一つと考えられる。

Ⅴ ベンチャー企業の成長のプロセス

　ベンチャー企業の成長は，通常，いくつかの段階を経て実現されると考えられている。たとえば，成長ステージを起業までの「シード期」，起業から製品やサービスの販売を開始し，事業が軌道に乗るまでの「スタートアップ期」，市場や顧客に受け入れられ，規模が急拡大する「急成長期」，市場が成熟化し，規模拡大が鈍化する「安定成長期」と四つの段階に分けている場合[17]もあるし，事業の構想を自由に発想しまとめていく「事業構想」段階，ビジネスモデルを明らかにする「企画・開発」段階，試作品の開発や試験的な営業を開始する「試行」段階，本格的に事業を開始する「事業開始」段階，事業が急速に成長する「事業拡大」段階，さらに新たな事業への着手を視野に入れる「経営革新」段階の六つ[18]に分類する場合もある。

　ティモンズは，図表8-3のように「スタートアップ期」，「急成長期」，「成熟期」，「安定期」の四段階に分類している。スタートアップ期は創業後の2～3年，場合により7年にも及び，廃業率が60％に及ぶ，最も危険な時期であるという。

　この時期を乗り越えると，急成長期に移行する。彼は，起業家にとって最も困難な課題がこの時期に生じるという。ベンチャー企業がこの急成長期に継続的に成長するために起業家に求められるのは，部下への権限委譲と従業員との密接な協力関係の構築であるという。

　この後迎えるのは成熟期である。この時期に問題になるのは，企業の生き残りから，安定した成長への移行である。急成長期に拡大した組織をうまく管理できる体制が構築されていることが必要になる。また，中核技術や製品，サービスの陳腐化の程度を見直すなど，持続的な成長のための新たなイノベーションの遂行も必要になる。

　この後の段階である安定期では，アントレプレナーシップの衰退が問題となってくる。起業家自身や社内における起業機会の認識と追求による価値創造への情熱の希薄化が，今後のさらなる成長の阻害要因となる。

第8章　ベンチャー企業論

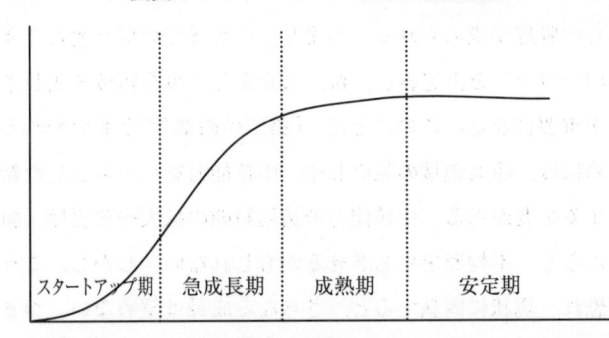

図表8－3　ベンチャー企業の成長段階

　　　　　スタートアップ期　急成長期　成熟期　安定期

（出所）　Timmons, J. A., *New Venture Creation*, 4th ed., Richard, D. Irwin, Inc. Illinois, 1994.（千本倖生・金井信次訳『ベンチャー創造の理論と戦略』ダイヤモンド社，1997年，220ページ。）

　ベンチャー企業が成長する過程で直面する課題として，二つの問題を指摘したい。一つは，管理の仕方に関わる問題であり，一つは持続的な成長のためのイノベーションの遂行に関わる問題である。ベンチャー企業だけでなく，組織を管理するためには個人間の対立と意見の不一致の解決，複数の意見や要求を均衡させる，チームワークやコンセンサスをまとめるなどの経営能力が必要である。スタートアップ期や急成長期の初期段階では，起業家が中心となり，起業チームが自ら行動するため，この間のマネジメント上の問題は，起業家自身（あるいはチーム）の能力に関するものである。しかし，組織が大きくなってくると，起業家自身による行動だけでは，課題に対応できなくなってくる。そのため，部下に権限を委譲し，部下を管理する必要性が生じてくる。さらに組織が拡大していくと，管理されていた部下が中間管理職としてその部下を管理しなければならない。つまり，ベンチャー企業のマネジメントが，「起業家自身の行動」⇒「起業家による直接的管理」⇒「管理者の管理」へと移行していく必要がある。

　もう一つの課題は，成熟期，安定期に入ったベンチャー企業にとっての課題である。企業にとって，経営の効率化や合理化を図るために，日常的なイノベーションの遂行が必要なのはいうまでもない。しかし，この段階に入ると，

これまでの事業を単純に拡大するだけでは大きな成長を望むことが困難になり，現状からの脱皮が求められる。つまり，これまでの取り組んできた事業領域（あるいはドメイン）を再定義し，新たに設定した事業領域を成長させ，発展させることが重要になる。このことは，「第二の創業」[19]ともいわれる。これを実施するためには，事業領域の見直しや，中核能力をベースとした新たな事業展開を模索する必要がある。中核能力の適用範囲の拡大や変更は，組織に大きな変革をもたらし，不均衡を生じさせるかもしれない。しかし，こうした不均衡の発生を恐れ，現状に固執すると，さらなる成長は望めない。つまり，突発的なイノベーションを認め，促す組織作りが必要になる。また，その新規事業を導入するとき，社内起業家を中心とした社内ベンチャーによる新規事業も検討する必要が出てくる。

VI おわりに

　この章では，ベンチャー企業について論じてきた。ベンチャー企業は，起業家がイノベーションの機会を発見することによって，事業を起こし，市場に対して「新しい何か」を提供するものである。したがって，ベンチャー企業の成功にとって最も重要なのは，起業家の存在である。しかし，この起業家は何も特別な存在ではないとも述べた。起業家に必要なのは，自分の可能性に挑戦する意志であり，自分の人生を自身でコントロールしたいという願望である。それらをもつ人々が，経験を積んだり学習したりすることでキャリアを形成し，チャンスを認識したとき，イノベーションを遂行する。これを実現するため，起業するのである。しかし，ベンチャー企業に利用可能な資源には限りがある。そのため，限られた資源を効果的に配分することによって，自社の強みを最大限に発揮することが起業家に求められており，それがその起業の中核能力を形成する。さらに，起業を成長させ，発展させるためには，事業規模に応じたマネジメントを行うこと，イノベーションの連続的な遂行を促す組織作りも重要である。また，突発的なイノベーションの遂行を認め，実施を促す環境作

りも必要である。

　また，本章では取り扱わなかったが，ベンチャー企業をサポートする仕組みもベンチャー企業の成長に大きな役割を果たしている。たとえば，ベンチャー企業に対して資金を提供し，経営相談の相手となるエンジェルの存在やVCの役割がそれである。創業を助ける仕組みとしてはインキュベータもある。インキュベータとは，創業後間もない企業に対して，安価な事務所を提供したり，経営や技術上のサポートを行う仕組みである。こうした機関の役割も，起業家の創業をサポートし，ベンチャー企業の成長および発展を促すためにもあわせて検討する必要がある。

注

1）　菊池敏夫「経営における企業化機能の検討」菊池敏夫教授還暦記念論文集編集委員会編『現代企業の経営行動』同文舘，1989年，397ページ。（なお，原著においては，「起業家」は「企業家」と表記されている。）
2）　Timmons, J. A., *New Venture Creation*, 4th ed., Richard, D. Irwin, Inc. Illinois, 1994. （千本倖生・金井信次訳『ベンチャー創造の理論と戦略』ダイヤモンド社，1997年，4ページ。）
3）　Schumpeter, J., *Theorie der Wirtschaftlichen Entwichlung*, 2. Aufl., 1926. （塩野谷祐一・中山伊知郎・東畑精一訳『経済発展の理論』上，岩波書店，1977年，182～183ページ。）
4）　Bygrave, W. D., *The Portable MBA in Entrepreneurship*, John Wiley & Sons, Inc. 1994. （千本倖生訳『MBA起業家育成』学習研究社，1996年，15ページ。）
5）　松田修一，大江　建編著『起業家の輩出』日本経済新聞社，1996年，12～13ページ。
6）　Drucker, P. F., *INNOVATION AND ENTREPRENEURSHIP*, Harper & Row, Publishers, Inc., 1985. （上田惇生訳『イノベーションと企業家精神』［新訳］上，ダイヤモンド社，1997年，31ページ。）
7）　同上書，52～53ページ。
8）　Bygrave, W. D., 前掲訳書，18ページ。

9) McClelland, D., *The Achieving Society*, Van Nostrand, 1961.
10) Gvron, R., Marc Cowling, Gerald Holtham & Andrea Westall, *The Entrepreneurial Society*, IPPR, 1998.（忽那憲治他訳『起業家社会』同友館，2000年，3ページ。）
11) Timmons, J. A., 前掲訳書，38ページ。
12) Drucker, P. F., 前掲訳書，37ページ。
13) Timmons, J. A., 前掲訳書，28ページ。
14) Timmons, J. A., 前掲訳書，32ページ。
15) ヴェスパーは，ベンチャーにおいてタイミングが重要な変数であると指摘している。Vesper, K. H., *New venture strategies*, Prentice Hall Inc., 1989.（徳永他訳『ニューベンチャー戦略』同友館，1999年，43ページ。）
16) Timmons, J. A., 前掲訳書，35ページ。
17) 松田修一『ベンチャー企業』［新版］日本経済新聞社，2001年，61ページ。
18) 佐藤睦典・北地達明「ベンチャーマネジメントの特性」松田修一監修，早稲田大学アントレプレヌール研究会編『ベンチャー企業の経営と支援』［新版］日本経済新聞社，118～123ページ。
19) 金井一頼「企業のプロセスと成長戦略」金井他編『ベンチャー企業経営論』有斐閣，2002年，64ページ。

（山田　仁志）

第9章

環境管理理念の系譜

　地球温暖化, オゾン層破壊, 酸性雨など地球環境問題が初めて国連の場で議論されてちょうど30年の歳月が経過した。その間, 地球環境問題に関する論議が順調に発展したわけではなく, 1990年代にやっと地球環境保全の認識が一般に没透し, 具体的な環境行動が展開されるようになった。この間, 環境意識の向上と環境行動の促進を図る数多くの宣言, 憲章, 指針が国際組織, 国家, 産業, NGOなどさまざまなレベルで提示された。そこで, 本章では, これらの宣言, 憲章, 指針などを整理して, 環境管理理念の創成, 発展, 具体化の過程を通して, 地球環境の保全に向けた世界の歩みを眺める。しかし, 宣言, 憲章, 指針などは必ずしも相互に関連を有しているわけではなく, また, 時間的順序と論理的順序は必ずしも一致しない。加うるに, その過程は幾筋もに分岐しながら発展している。そこで, 本章では, 産業における環境行動の流れを追跡した。その流れは現在奔流となって, 循環型社会実現に向かっているが, ここでは, 環境管理システムの構築までの流れを述べる。

I 環境管理理念と国際世論の形成

　環境問題は公害問題として早くから社会の関心を集めてきたが，1972年ローマクラブの「成長の限界」と国連人間環境会議の「人間環境宣言」の公表を契機に地球環境問題として登場し，今や最も重要な世界的課題となった。ローマクラブの「成長の限界」は，現在の人口増加や経済成長が今後も続くならば，大気汚染や天然資源の枯渇などの環境破壊によって100年以内に，成長は限界に達し，地球は破局を迎えることになるとして，地球の有限性を指摘し，この破局を回避するには，成長よりも均衡を選択すべきことを主張し，人類の危機に警鐘を鳴らし，回避の道を示唆した[1]。このためこの論文は地球環境問題の原点を論じ，先駆的な報告として高く評価された。しかし，地球環境の保全を国際世論として形成させ，その後の環境保全活動に決定的影響を与えたのは国連人間環境会議であった。

　国連人間環境会議は「成長の限界」の出版と同じ1992年6月スウェーデンのストックホルムで開催された環境に関する初の世界会議である。この会議は地球環境という新しい深刻な問題に対する国際社会の取り組み方を討議し「人間環境宣言」として人間環境の保全と向上に取り組むための共通の考え方と行動原則を宣言した[2]。この「宣言」によれば，人間は環境の創造物であると同時に環境の形成者でもある。したがって，環境を良くするのも，悪くするのも人間の力である。人間は科学技術の飛躍的な進歩によって環境を変革する力を手に入れたが，その力は環境汚染，生態系，天然資源の枯渇，生活環境の破壊など多様な環境破壊を行っている。今，人間は歴史の転換点に到達しており，現在および将来の世代のために，人間環境を守り，向上させることは人類にとって至上の目標であり，この目標を達成するために，すべての人々が責任を引き受け，共通の努力を公平に分担することが必要であるとして，天然資源の保護，野生生物の保護，有害物質の排出規制，海洋汚染の防止，環境保全を組み込んだ経済社会の開発，人口政策，国際協力など多様な分野における環境的側面に関する行動計画のための原則を掲げ，地球規模で環境問題に取り組むべき

第9章　環境管理理念の系譜

必要性を国際社会に要請した。

　この宣言において注目すべきことは，従来，環境破壊の原因として工業化，経済開発を強調した意見が多かったが，この宣言では，開発途上国における環境破壊は貧困から生じているとして，貧困の撲滅，つまり経済開発の必要性を認め，発展途上国における経済発展と環境保全について先進工業国の協力を要請している[3]。国連はこの趣旨に基づき，これまで国連内諸機関によって個別的に遂行されていた環境問題やこれまで取り組んでいなかった環境問題を扱う専門機関として国連環境計画（UNEP）を設置し，環境問題に関する国際協力や「宣言」の諸原則の実施促進を図ることとなった。しかし，人類に対する脅威の警告や国連の動きにかかわらず，1973年突然発生した第一次オイルショック，続く1979年第二次オイルショックにより，世界経済は深刻な打撃を受け，世界的不況に追い込まれた。経済活動の停滞は環境的側面にプラス効果をもつことや各国が環境よりも雇用を優先する政策に転換したため，地球環境問題に対する積極的な取り組みは一時停滞することとなった。

　1982年6月，国連人間環境会議十周年を記念して，ケニア・ナイロビで，国連環境計画管理理事会が開催された。管理理事会ではストックホルム宣言の実施状況とUNEPが今後取り組むべき重要な課題について検討がなされた[4]。この論議の中で，ストックホルム会議は環境に関する認識と理解を深めるうえで大きな力となったが，環境保全の長期的な価値についての洞察と理解が不十分であったこと，環境保全の方法や努力に関する調整が適切でなかったこと，資源の活用や配分が不公平であったこと，などにより十分な成果が得られなかったとして，この反省に立ってストックホルム宣言や行動計画を再確認すると共に，それをいっそう推進するための国連機関や国際協力の強化を打ち出すと共に，環境破壊の予防はすでに発生した被害を多くの労力，費用をかけて修復することよりも望ましいとして未然予防の考え方を打ち出し，また，広報，教育研修を通じて環境の重要性に対する一般的，政治的な認識の高まりの必要性を強調し，環境を改善するためには，各人の責任ある行動と参加が不可欠であることを訴えた。さらに，すべての企業は工業生産の方法や技術の採用にあ

たり，また他国へ輸出する際，環境についての自らの責任を十分認識すべきであり，適切な立法措置を含めて，企業における環境配慮の必要性を要請した。ナイロビ会議で特筆すべきことは，環境保全についてさらに議論を深化させる必要があったことから，日本代表原環境庁（現省）長官の提唱により1984年に「環境と開発に関する世界委員会」通称「ブルントラント委員会」の設置が決定されたことである。

ブルントラント委員会は有識者の個人的発言の場であって，一種の賢人会議の性格をもち，日本から元外相大来佐武郎氏が委員となった。委員会の任務は[5]，

① 西暦2000年までに接続可能な開発を達成し，またこれを永続するための長期戦略を提示すること
② 環境保全に対する関心が開発途上国間と社会的・経済的発展段階の異なった国々の間での協力に結びつくようにすると共に，人間，自然，環境及び開発の相互関係に配慮した共通かつ相互補強的な目標を達成するための方策について勧告すること
③ 国際社会が環境問題に対してより効果的に取り組むための方策を検討すること
④ 長期的な環境問題及び環境の保全と増進に成功するための適切な取り組み，今後数十年間の行動に関する長期的計画と国際社会が掲げていくべき目標に関する共通の認識の形成に資すること

つまり，ブルントラント委員会は1972年の「人間環境宣言」に示された環境保全の国際的な決意にもかかわらず，ますます環境悪化が進行する状況を懸念して，地球環境保全のため，世界が長期的に取り組むべき共通の目標や行動計画の策定についての枠組みを呈示することであった。ブルントラント委員会は8回の会合と各国で公聴会による討議を重ね，1987年東京大会で閉幕したが，審議の結果を，歴史的な報告書「我ら共有の未来」（Our Common Future）を発表し，国連総会に提出した。

委員会報告書は「持続可能な開発」（Sustainable Development）を中核概念に

据え，豊かで健全な社会を築くためには，すべての国が「持続可能な開発」を国内政策と国際協調の最優先目標として，①国際経済の再編成，②人口抑制，③食料安全保障，④種と生態系の保護，⑤エネルギー対策，⑥生産の効率化，⑦都市対策，⑧人類の共有財産（海洋，宇宙，南極）の管理，⑨平和，安全保障，⑩組織や法制度の変革に向けた共同行動などの行動原則を掲げ，持続可能な開発の実現に向けて，世界が早急に構ずべき方策を示した。同報告書は国連総会に提出され，1987年12月国連総会は「人間環境と天然資源が益々悪化していること及びそこから招来される経済，社会開発への影響を憂慮し，……持続的開発が国連，各国政府，民間の各種機関，組織，企業にとって中心的な指導原理となるべきこと」[6]を決議するとともに，同報告書が国連機関，各国政府，産業界その他の経済活動団体の意志決定者および一般大衆に対して持続的開発に向けての改革が急務であるという認識を高める上で大きく貢献したことを賞賛すると共に，委員会報告書を十分活用することを提唱し，UNEPに対し，①持続的開発を実現するための長期戦略を定期的に見直し，その結果を総会に報告するように求め，②国連機関の持続的開発追求努力を定期的に点検し，③各国政府に対して行政機関がその政策，事業計画，予算において持続的開発を促進することなどを要請した。1988年6月のトロントで開催された主要7か国首脳会議（G7）でも「持続可能な開発」は支持され，1989年第44回国連総会において，この指導原理に基づいて国内および国際的な行動を具体化するため「環境と開発に関する国連会議」（地球サミット）を1992年までに開催する旨決議された。

II 環境管理理念の確立

委員会報告書によれば「持続可能な開発」は「将来の世代のニーズを満す能力を損なうことなく現代の世代のニーズを満たす開発」と定義される[7]。この理念は次のような重要な概念を含むと考えられる。

（1）開発の必要性と地球環境の有限性

　すべての人間がその基本的欲求を満たし，さらにより文化的で健康な生活を送る機会を拡大するためには，社会，経済の発展が必要であることを認識し，伝統的な発展方法に代わり，環境保全と経済発展の調和を可能にする新しい発展方法の模索を提示した。発展は伝統的な大量生産－大量消費－大量廃棄という経済システムやGDPに基づく発展ではなく，再生資源は再生能力の限度内での使用，枯渇性資源は代替資源の開発や使用量の削減，汚染や廃棄物は自然の浄化能力，同化能力の限度内に制限し，資源ストックや「豊かさ」の質的変化を重視した社会経済への転換を示唆した。

（2）公　平　性

　公平性は世代間公平（子孫）と現世代間公平（南北問題に代表される地域間公平）の両面を含む。過度の開発・発展によって，地球資源が枯渇し，環境を破壊する結果，次世代の人々は資源や環境を利用できず，現世代が享受している豊かさを享受できない。現世代は次世代の豊かさを確保する責務を負っており，次世代の生活を犠牲にして現在の豊かさを追求する権利を有しない。また，現世代間でも，資源の利用や配分が地域的にかたよっているため，先進工業国では，豊かさが地球環境を破壊し，途上国では貧困と人口増加が環境を破壊している。したがって，資源の配分や利用について新しいシステムを確立し，現世代と将来世代のすべての人々が環境の恵託を享受し，豊かな生活を確保する責務と役割を遂行することを求めている。

　「持続可能な開発」は開発を強調しているため一部では批判もあるが，開発は生活の向上のために環境を利用することであり，WCSは開発を人間のニーズを満たし，生活の質を改善するために，生物圏を改変し，人的，財政的，生物的，非生物的資源を利用することと定義している。古代農耕社会の成立以来，人間は常に自然環境を改造し，生活の向上を図ってきたが，科学技術の著しい進歩により，人間だけがもつ自然改造能力が飛躍的に増大した結果，環境問題が発生した。いわば，環境問題は開発の歴史的過程で生じた問題であるか

ら，開発という用語自体に反感をもつ者がいても不思議ではない。地球環境の許容能力に限界がある限り，開発の持続可能性は環境能力の持続可能性に規定されるから，環境保全は開発の不可欠な要件となり，報告書の「開発」は環境保全の視点から主張され，環境保全との調和を基軸とした概念である。

　自然保護連合は持続的開発は「生活支持基盤である各生態系の収容能力の限度内で，人々の生活の質的改善を達成すること」[8)]と定義し，開発の制限条件である自然環境の保全を強調した定義になっているが，連合の役割から当然の帰結と考えられる。国連環境開発会議は委員会報告書の「持続可能な開発」の定義を引き継ぎ，人間を中心に据え，「人類は自然と調和しつつ健康で生産的な生活を送る資格を有する」[9)]として，生活向上はすべての人間の権利であることを認めたうえで，現世代の人間は将来世代の人間のもつこの権利を侵してはならないことを強調している。

　このように「持続可能な開発」の定義は多様であり，自然保護連合の定義が優れているという意見もあるが，定義の相違は立場の相違に基づいており，その内容は同じ理念と考えられる。また，開発は手段であり，目的は生活の質的改善であるが，現代では，生活の質は生存に必要な基本的ニーズの充足ばかりでなく，健康，衛生，安全，教育の向上，快適性の追求，人権の尊重，政治的自由・平等など，生活の質の内容が深化しており，「持続可能な開発」は経済開発ばかりではなく，社会開発まで含めた社会の持続的発展を内容としている。この意味から，「開発」よりも「発展」が理念のもつ意味をいっそう適切に示していると考えられる。

　地球は一つであるが，国は多数である。国によって，歴史，文化，制度，宗教，政治ばかりでなく，自然環境，生活の質の内容・価値観まで異なり，しかも，これらは固定されたものではなく，政治，経済，社会の発展レベルによって大きく変化する。したがって，実態の異なる多数の国々によって構成される国際社会では利害が衝突しやすいから，世界共通の理念は幅広い解釈を許容できる概念でなければならない。

　「持続可能な開発」理念は幅広く，奥の深い内容を包摂している。人間の生

活向上のために環境を保全するという考え方は人間中心主義であるが，現実の人間社会では，自然環境に満ち溢れていながら，人間の基本的ニーズの充足に事欠く絶対的貧困に喘ぐ国々があり，豊かさに溢れた人々が自然環境保全こそ最高理念と主張しても，国際社会では受け入れられないであろう。このことはストックホルム会議から地球サミットに至る20年間にわたる国連会議の論議の過程によって立証されている。すべての国に適用できる環境保全と開発の調和を実現する処方箋は存在しないから，各国はそれぞれの状況に即して「持続可能な開発」を解釈し，環境保全と開発の調和を達成する適切な方法を推進することである。

　重要なことは，「持続可能な開発」の用語や意味の曖昧さを批判することではなく，世代間，世代内に共通して，①生活の改善と環境の恵託の享受はすべての人間の権利であり，そのために，②良き環境を将来の世代に残すことは現世代の人間の義務であることを認識し，この認識に基づいて，政府，自治体，団体，企業，市民など社会の構成員すべてがそれぞれのレベルで社会発展に関わる責任と役割を分担することである。

　前述したように，世界には，豊かな先進工業国から，貧困に喘ぐ開発途上国まであり，さまざまな事情を抱える国々が参加する国連機関では，すべての国が納得できる理念の創出が不可欠である。「持続可能な開発」は南北問題を超えた理念として国連によって権威づけられ，国際社会に受け入れられ，経済発展と環境保全の調和理念として，その後の社会経済問題への取り組みにおける最高の指導理念となった。地球環境破壊という人類の脅威に直面して，自然資源の大量投入－大量生産－大最消費－大量廃棄という豊かな国の成長路線は省資源，省エネ，リサイクルのエコ路線に基づいた発展へ転換する必要があり，貧困と人口増加による環境破壊が進む発展途上国は環境保全を踏まえた経済開発を政策目標とするという社会経済発展の方向と枠組みを提示した。

　これまで，経済開発と環境保全は対立概念として扱われ，石炭資源による経済成長の制約，外部不経済を前提とした市場経済の限界，地球環境破壊による成長限界などにみられるように，多くの諸説は主として環境条件による経済成

長抑制論であった。しかし，持続可能な開発は社会経済の発展と環境保全の調和理念であり，環境保全を図りながら経済発展を実現する理念であり，歴史的には新しい概念である。環境保全と経済発展の調和理念は国際捕鯨協定 (1946年) や公海生物資源保護条約 (1958年) の中で最大維持可能漁獲量 (MSY Maximum Sustainable Yield) として取り入れられていた。MSY とは一定量の資源量（元本）から再生産される増加分（利子）を最大漁獲量として資源を保全し，漁獲量の持続可能性を実現する考え方である。これは乱獲による海洋資源の絶滅という反省に立って，元本資源量の増加によって単純再生産ばかりでなく，再生産量の増大を可能とする拡大再生産をも考慮に入れている。MSY の考え方はその後，木材など再生可能資源一般に適用されている。

「持続可能な開発」の理念はこれらの概念の延長にあるが，国連機関によって権威づけられ，国際社会に定着することによって，この概念は拡大され，一人当たり GDP で測定された豊かさを環境資源ストックを含めた豊かさへと，豊かさの質的転換や環境と経済の調和型社会，自然と人間の共生，循環型社会，社会的費用の内部化，コーポレートシティズンシップなど多様な概念を創出，発展させ，以後，環境保全だけがひとり歩きすることはなくなり，環境と開発は新しい社会経済の実現に向けた指導原理として定着した。

1992年6月「環境と開発に関する国連会議」（地球サミット）がリオデジャネイロで開催された。この国連会議には，180か国が参加し，うち100名を超える元首が参加するという歴史上空前の会議となり，日本からは竹下元首相が参加した。会議において，人類共有の未来のために，地球環境の保全と向上を達成するため，人と国家の行動原則である「環境と開発に関するリオ宣言」（リオ宣言）と，この基本原則に基づく21世紀に向けた行動計画「アジェンダ21」を採択した。「リオ宣言」では「持続可能な開発」理念が中核に位置づけられ，①主権の尊重と他国の環境を破壊しない義務，②開発の権利と世代間公平，③環境と費用の不可分性，④すべての主体の参加と情報公開，⑤予防原則，⑥汚染者負担の原則と環境費用の内部化，⑦環境影響評価，⑧パートナーシップに基づく国際協力など27の原則を規定した。「アジェンダ21」は①社会的，経済

的要素,②開発のための資源の保全と管理,③主要な社会構成員の役割の強化,④実施手段の四部構成からなり,大気保全,森林の減少,砂漠化,生物多様性,海洋保護,有害化学物質の管理,一般廃棄物の管理など,各分野における具体的な行動計画ばかりでなく,国別行動計画や地方公共団体の地域別行動計画の策定まで要請し,さらに,行動計画を実施するための資金,技術移転,国際法の整備,国際機構についても規定した。これにより,「持続可能な開発」の指導理念に基づく諸施策の方向と枠組みが提示され,世界各国が協調して地球環境の危機に立ち向かうことになった。

III わが国環境管理の制度的推移

わが国の環境管理は「公害対策基本法」(1967年制定)と「自然環境保全法」(1972年制定)の二つの法律に基づいて実施されていたが,①都市生活型公害,廃棄物の増大など社会経済活動による環境負荷の増大,②地球温暖化,オゾン層破壊,海洋汚染など地球環境問題の顕在化,③生活環境における緑の減少,自然の快適環境の創造など自然との共生に対する欲求の高まりなど,二つの法律が制定された当時とは異なった今日的課題が生じ,この対応には,経済社会システムやライフスタイルの変革を含めた総合的な環境管理が必要となったことと,環境法の制定を要請した「リオ宣言」第11原則に沿って,「環境基本法」(1993年)が制定された。

環境基本法制定の目的は健康で文化的な生活には恵沢な環境の存在が不可欠であるが,その環境が環境負荷の増大によって損なわれ,人類存続の基盤が危機にさらされているという現状認識に基づき,現在および将来の世代が環境の恵沢を享受できるように,環境を将来にわたって維持すること(第3条)である。そのためには,国際協調を推進しながら,環境破壊を未然に防止し,環境負荷の少ない経済発展を図り,持続的に発展できる社会を構築する(第4,5条)ことであると規定している。

「環境基本法」の特徴は,①公害防止と自然保護の二分野を統合して一つの

枠組み中に収めたこと，②汚染物質の規制や優良自然地域を対象とした政策対象を拡充して社会システム自体の変革を目的に，事業者，国民の通常の社会経済活動に起因する環境負荷や地球規模の対策に必要な国際協力の方策まで含められた。③規制措置中心の政策手法も，環境負荷の少ない製品の利用を促進する措置，主体の自発的環境行動を促進する各種の措置（教育，学習，民間活動の促進，情報の提供）などが基本的な施策としてとり入れられた。また，「アジェンダ21」の実施と「環境基本法」15条の規定に従い，「環境保全に関わる総合的，長期的な施策を示す大綱と施策を計画的に推進するために必要な事項の策定」を求めた「環境基本計画」（1994年）が閣議決定され，この基本計画に基づいて，各種公害規制法，各種リサイクル法，化学物質管理促進法（PRTR），さらに循環型社会形成基本法などの法整備と各種の具体的な行動計画が策定，実施されている。したがって，わが国では「持続可能な開発」理念は「人間環境宣言」－「ナイロビ宣言」－「我ら共有の未来」－「リオ宣言」－「アジェンダ21」－「環境基本法」－「環境基本計画」という一連の環境保全思想の形成過程の中で創成し，受け継がれ，具体化され，現在，政府，地方公共団体，事業者，個人のそれぞれのレベルにおける環境管理の指導理念として環境行動を方向づけている。

Ⅳ 産業界における環境管理の発展

1989年3月エクソン系バルディーズ号が座礁し，積荷の原油42,000klが海上に流出，アラスカプリンスウィリアム湾一帯の海岸を汚染，海洋生物に甚大な被害を与えた。この公害事件を契機に，社会的責任投資調査専門家集団である「社会的投資フォーラム」を母体に1989年に設立された環境保護団体セリーズ（Ceres）は企業の利益追求は地球環境の健康と安全を損なわない限度で行うべきとして，企業が事業経営を遂行するにあたり，環境保全のために行うべき10の原則を制定し，この原則を受け入れた企業に投資するという社会的責任投資の原則（バリディーズ原則）を制定した。この原則には損害賠償責任（第7

原則)が含まれていたため，訴訟事件に巻き込まれる危険を恐れて，この原則を受け入れる企業は少なかったが，投資基準に企業の環境行動についての評価を加えたことで画期的な原則となった。1992年，原則を改訂し，賠償責任原則を緩和し，名称も「セリーズ原則」と改めた。

　バリディーズ原則の制定に刺激され，また，すでに開催が決定されていた地球サミットを成功させるため，産業界も各種の提言を行うこととなった。1991年ICC(国際商業会議所)主催の「環境管理に関する世界産業会議」(WICEM)は地球サミットに対する産業界の提言を括める目的で開催され，「持続的開発のための産業界憲章(ロッテルダム憲章)」通称，ICC憲章を制定した。ICC憲章では，環境配慮は企業の最優先事項であると規定し，環境の継続的改善を目指して実施すべき環境管理の枠組みを提示し，事業活動，製品，サービス，技術，施設などの環境配慮，環境事前評価，環境監査，請負者，納入業者の環境行動情報の公開や対話まで多面的な環境配慮を組み込んでいる。さらにICCは「憲章」の実施を確保するため「効果的な環境管理を行うためのICCガイド」を作成し，企業において有効に監査を実施するための原則を提示している。「ICCガイド」は①環境監査の定義，②監査計画の作成，③監査の実施，④報告とフォローアップの4章から構成されている。環境監査は当時一部の企業ではかなり充実した制度として確立されていたが，会計監査と異なり，法制もなく，監査基準や手続きの標準化もされていない状況の中で，企業における監査の普及に大きく貢献した。「ICC憲章」は環境管理の枠組みを，「ICCガイド」は環境監査の枠組みを規定しているが，環境行動の実績評価や見直し，改善の手続きを規定していないため，1992年，デュポン，アップルコンピュータ，デジタルイクイップメントなど米国大手企業23社で構成された「世界環境管理発議」(Global Environmental Management Initiative)は具体的な環境実績改善手法として「環境自己評価プログラム」(ESAP)を作成した。ESAPによる手順の概略は次の通りである[10]。

　① 評価項目はICC憲章の10の原則の各々を小分類した項目とする。
　② 評価項目は重要度に応じて，ABCの三段階に分類し，1～3点にウエ

第9章　環境管理理念の系譜

イトづけする。

③　各項目の実績評価は四段階評価される。評価基準は環境管理の充実度を段階別に判定する。

④　各評価項目の重要度係数と評価点の積の合計点を重要度係数の合計で除し，平均評価点を計算する。

⑤　評価に際し，評価の根拠とした資料，事実を記録する。

ESAPの手法は広く普及したわけではないが，環境管理の実績評価に計量的手法を導入した最初のものであり，計量的評価手法に関心の高い米国企業に相応しい展開を示した。

一方，欧州では，「ICC憲章」の指針に沿って，環境行動の継続的管理と環境性能の継続的向上を確保するため，plan-do-check-action のマネジメント要素を有機的に結合した環境管理システムとして，BS規格（British Standard）（1992年）と「環境管理，監査要綱」（EMAS）（1994年）が制定された[11]。BS規格は英国規格協会が英国内企業に環境管理を普及させるため規格として制定したシステムであるが，EMAS (Eco-management and Audit Scheme) はEU諸国に適用されるEU規則として制定された。二つの環境管理システムは，方針－目的－目標－方策－行動計画－実施－結果の記録－監査－見直しというマネジメントプロセスに準拠して精巧に構築された仕組みであり，完成度の高いシステムである。BS規格は英国内での環境管理の迅速な普及を意図して，緩やかな規定となっているが，EMASは管理対象となる環境項目について詳細で厳しく，そのうえ，第三者による環境実績の外部監査を要求している。このため，ドイツ以外のEU諸国では普及が遅れている。BS規格，EMAS共に納入業者の環境管理の実態を審査するよう要求しているため，欧州諸国への輸出企業，進出企業にも大きな影響を与えた。わが国では，電機・電子，自動車などの輸出産業で，環境管理システムの導入が最も早く進行した一つの原因となっている。また，発展途上国では，この規定は，輸出差別条項として激しく批判された。BS規格，EMASに準拠して構築された環境管理システムはISO（国際標準化機構）規格の環境管理システムとして自動的に認証された。このため，

BS規格はISO規格発行の時点(1996年)で消滅した。

わが国でも，経団連は地球サミットに向けたわが国産業界の提言を括め，「経団連地球環境憲章」として公表した。「経団連憲章」は持続的発展が可能な社会を構築するため良き企業市民として実施すべき環境管理の枠組みを提示したもので，「ICC憲章」とほぼ同じ内容であるが，①年1回の環境監査，②環境意識や行動の基盤を形成するための教育，広報活動，③LCAによる環境負荷の低減，④社内体制の整備，⑤海外での事業展開における環境配慮，⑥政府の環境政策への積極的提言などを含め，多面的で充実した内容を組み入れ，持続的発展に向けた企業の環境実績の継続的な改善努力を確保する方策を提示し，国際的にも高い評価を与えられた。

「経団連憲章」に続いて，環境庁も「環境にやさしい企業行動指針」(1993年)を公表し，政府行政機関も企業における環境管理の導入を促した。特に通産省(現経済産業省)は「環境行動計画(ボランタリープラン)」(1994年)を策定，公表し，産業界における環境管理の普及を主導した。「ボランタリープラン」は各種憲章や指針，BS規格，EMASなどを考慮に入れて，行動指針各項目に逐一事例をあげて提示し，多様な環境側面をもつ事業活動に関わる環境行動計画の策定を容易にする具体的なモデルであった。BS規格やEMASが環境管理の仕組みを条文で細部にわたって規定したため，精巧な仕組みを構築できる反面，難解な部分，解釈の異なる部分も含むが，わが国では，事例つきモデルであったから，精緻さに欠けるが，理解しやすく，導入には便利であった。

Ⅴ 環境管理理念の発展

環境管理理念の創成，展開，具体化の発展過程は次のように図示できる。

地球環境問題に対処するには，国際協調が不可欠であるが，各国の実情が大きく異なるうえに，地球環境問題を日常生活の中で強く意識する人は環境意識の高い国においてさえ少なく，ましてや30年前では一部の人々に限られていた。しかし，地球環境の破壊は人類の生存を危機に陥入れる緊急の課題であっ

た。このため，当初，各国における環境意識の向上を促す国際世論の醸成に置かれ，しかも実情の異なる国々を結集するには，国際社会に受け入れられる指導理念の設定が必要であった。国際世論の形成と指導理念の設定に，国連の努力をもってしても約20年の歳月を必要とし，地球サミットはそのクライマックスであった。国際機関，各国の政府，産業，NGOなどあらゆるレベルの環境保全の思潮は地球サミットを目指して流れており，地球サミットの成功は人類の叡知の結集であった。この地球サミットの国際的合意のもとにあらゆる主体が環境行動の具体的な計画の策定とその実施を開始した。

しかし，地球環境問題の解決には長い年月を要し，継続的な環境行動とそれによる環境性能の持続的な向上が不可欠である。このため，継続的な環境行動を確保する仕組みの構築に重点が置かれた。国の実情が異なるばかりでなく，個別企業の実情も業種，業体，規模などにより大きく異なるため，その仕組みは本来その実情に合わせて構築されるものであるが，仕組みのあり方が環境行動の成果に大きく影響するため，この仕組みを煩鎖なほど精緻な構造をもつ世界共通の規格として構築し，しかもその仕組みを公的機関によって認定する制度[12]とした。これは地球環境の保全は人類共通の義務とする国際社会の強い決意の表明であろう。仕組みの策定はISO14001環境管理システムの発効で決着し，各国の産業界はISO規格に基づいた環境管理システムを導入している。わが国企業のISO14001システムの認定事業所数は世界最多となっており，さらに急速に増加している。したがって，90年代前半は各国共に環境管理システムの構築に注力していた。

環境管理システムがどんなに精緻に構築されていても，管理システムは環境行動の継続的遂行を確保する用具であって，環境性能を直接改善する対策ではなく，環境性能はシステムの中で実施される環境行動の内容と質によって決定される。

「アジェンダ21」は，各国産業に対して，環境管理を最優先課題として認識し製品のライフサイクルの全段階で資源の効率的利用，廃薬物の削減，それを可能にする技術や生産システムの開発を推進するための，①環境志向型製品の

図表 9 － 1　環境管理理念の発展過程

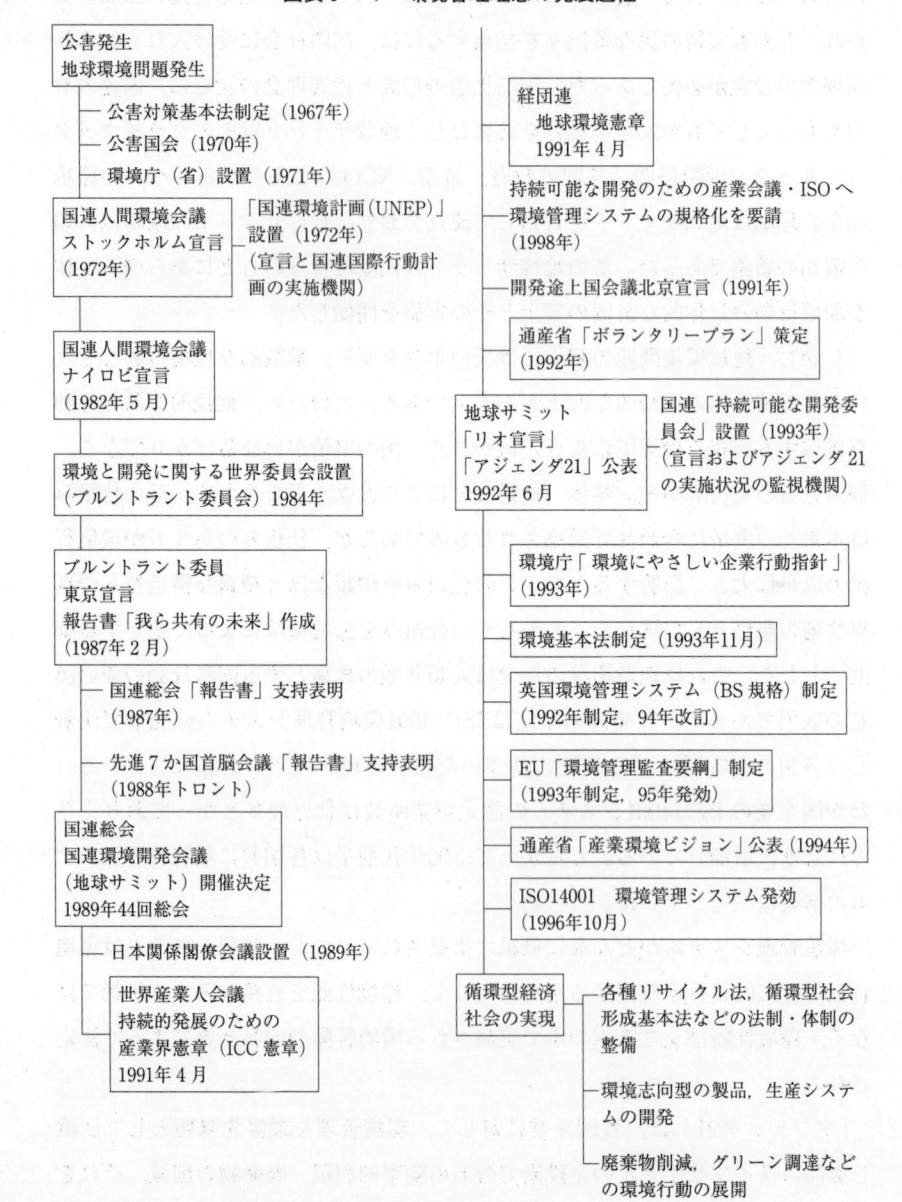

- 公害発生
- 地球環境問題発生
  - 公害対策基本法制定（1967年）
  - 公害国会（1970年）
  - 環境庁（省）設置（1971年）

- 国連人間環境会議
- ストックホルム宣言
- （1972年）
  - 「国連環境計画(UNEP)」設置（1972年）（宣言と国連国際行動計画の実施機関）

- 国連人間環境会議
- ナイロビ宣言
- （1982年5月）

- 環境と開発に関する世界委員会設置（ブルントラント委員会）1984年

- ブルントラント委員
- 東京宣言
- 報告書「我ら共有の未来」作成
- （1987年2月）
  - 国連総会「報告書」支持表明（1987年）
  - 先進7か国首脳会議「報告書」支持表明（1988年トロント）

- 国連総会
- 国連環境開発会議（地球サミット）開催決定
- 1989年44回総会
  - 日本関係閣僚会議設置（1989年）

- 世界産業人会議
- 持続的発展のための
- 産業界憲章（ICC憲章）
- 1991年4月

- 経団連　地球環境憲章　1991年4月

- 持続可能な開発のための産業会議・ISOへ環境管理システムの規格化を要請（1998年）

- 開発途上国会議北京宣言（1991年）

- 通産省「ボランタリープラン」策定（1992年）

- 地球サミット「リオ宣言」「アジェンダ21」公表　1992年6月
  - 国連「持続可能な開発委員会」設置（1993年）（宣言およびアジェンダ21の実施状況の監視機関）

- 環境庁「環境にやさしい企業行動指針」（1993年）

- 環境基本法制定（1993年11月）

- 英国環境管理システム（BS規格）制定（1992年制定，94年改訂）

- EU「環境管理監査要綱」制定（1993年制定，95年発効）

- 通産省「産業環境ビジョン」公表（1994年）

- ISO14001　環境管理システム発効（1996年10月）

- 循環型経済社会の実現
  - 各種リサイクル法，循環型社会形成基本法などの法制・体制の整備
  - 環境志向型の製品，生産システムの開発
  - 廃棄物削減，グリーン調達などの環境行動の展開

奨励と，②環境志向型企業家精神の発揚を要請し，各国政府に対しても，産業の環境行動を支援する具体的な施策を要請した[13]。

地球環境問題の主要な源泉は大量生産―大量消費―大量廃棄という一方通行型経済社会における高効率な市場内生産体制と豊かな生活スタイルに起因するから，「アジェンダ21」の要請は一方通行型経済社会から循環型経済社会への転換の要請であり，価値観，行動様式，生活スタイル，制度，慣行など20世紀を支えた文化に大きな変革を迫るものである。この中で，企業が社会発展に重要な役割を担いながら，持続的な成長を図るには，20世紀とは異なる発想の大転換が要請される。現在，産業は拡大生産者責任，汚染者負担の原則，予防原則に基づき環境志向型製品や生産システムの開発に挑戦して，循環型経済社会構築に向けた企業革新に努力している[14]。循環型経済社会構築への努力は90年代後半から着手されたばかりであるが，多様でしかも困難な課題を抱えながらも着実な歩みを示している。

注

1) D. H. メドウズ他，大来佐武郎監訳『成長の限界』ダイヤモンド社，1972年，11～12ページ。
2) 国連人間環境会議「人間環境宣言」前文，地球環境問題宣言集，外務省。
3) 国連人間環境会議「人間環境宣言」前文4，原則12, 20, 地球環境問題宣言集，外務省。
4) 国連人間環境会議「ナイロビ宣言」地球環境問題宣言集，外務省。
5) 外務省，環境庁編「国連環境開発会議資料集」。
6) 外務省，地球環境問題宣言集「環境と開発に関する世界委員会」報告に係る国連総会決議。
7) WCED *"Our Common future"* Oxford Univ. Press, 1987, p. 43.
8) IUCN, UNEP, WWF, WWF日本委員会訳『新世界環境保全戦略』小学館，1992年，25ページ。
9) 国連環境開発会議「リオ宣言」第一原則，外務省資料集。
10) 世界環境管理発議著，監査法人トーマツ訳『GEMI環境自己評価プログラム』日

本経済新聞社,1993年。
11) 石山伍夫「企業における環境管理システム」日本経営学会編『環境変化と企業経営』千倉書房,1998年,3～13ページ。
　　石山伍夫「環境管理システムの意義と構造」『産業経営研究』19号,1997年,35～49ページ。
12) 同上書。
13) 環境庁,外務省監訳「アジェンダ21」海外環境協力センター,368～372ページ。
14) 石山伍夫「環境型社会と企業行動の条件」『経営行動研究年報』10号,経営行動研究学会,2001年,11～18ページ。

(石山　伍夫)

第10章

非営利組織（NPO）の経営

I　NPOとは何か

1　NPOの定義

NPO (Non-Profit Organization) についてはじめに定義づけを行う。NPOとは、さまざまな非営利活動を行う民間・非政府の組織であり、かつ当該活動によって生み出された利益を関係者間で分配することが制度的に禁止された組織をいう。

ところで、ここでの「非営利」とは、上記のように組織の関係者間で利益を分配しないという意味で、財やサービスを無償で提供し、NPOは対価を受け取らないという意味ではない。活動によって得られた利益は、翌年度以降の事業資金として当該組織に投資される。

2　NPOの分類

それでは、実際にどのような組織がこの定義に該当するか、主な例をあげて分類してみたい。まず、各種ボランティア団体、市民活動団体があげられよう。1995（平成7）年に発生した阪神・淡路大震災ではこのようなボランティア団体、市民活動団体の「草の根活動」が被災地の復旧と復興に大きな力を発揮したことは知られている。NPOと聞いて、まず、はじめにこのような組織

を思い起こす人は多いであろう。

　これらの団体による迅速，活発な救援活動の一方で，「既存のNPO」には当初期待していた通りの成果が望めなかったともいわれている。このことは，後にわが国のNPO制度改革議論を生むきっかけともなっている。1998（平成10）年施行の「特定非営利活動促進法」の成立がその代表例で，この法律に基づくNPOについては本章の中で詳述する。

　ところで，上記の既存のNPOについて，ここで先に言及したい。この組織にはまず，民法の公益法人制度を背景にして立ち上げられた財団法人や社団法人をあげることができる。民法第34条では，「学術，技芸，慈善，祭祀，宗教その他の公益に関する社団又は財団であって，営利を目的としないものは，主務官庁の許可を得て，法人とすることができる」と規定している。なお，規定の中の「法人化」については，「特定非営利活動促進法」のところでふれる。

　このような民法上の財団法人，社団法人のほかにも既存のNPOに分類される組織がある。私立学校法人や医療法人，社会福祉法人，そして，宗教法人などである。これらは民法から独立したそれぞれの特別法（私立学校法や医療法など）を基に運営されている。

　このような民法や特別法を基にした組織と類似の組織に農業協同組合（JA）や消費者生活協同組合（CO-OP），互助組織があるが，これらは活動によって得られた利益の分配を行うため，はじめに定義したような厳密な意味でのNPOには含まれないが，最広義のNPOという分類で議論されることがある（町内会や自治会も同様である）。

II　NPOの活動内容

　NPOはすでに社会のあらゆる分野で活動しており，特に一部の活動については，その社会的役割も定着し，サービスの受益者にとって不可欠な存在となっている。

　現代社会の中では日々さまざまな問題が起こっており，解決を要するこれら

の問題を常に政府や地方自治体，そして民間企業に委ねるには限界がきている。NPOが社会から期待されているのは，現状ではカバーしきれないこれら諸問題への対応であり，行政，民間企業に比肩するような社会的役割である。

この社会的役割には，主に次のようなものが期待されていると考えられる。まず，行政機関では機動性が望めない活動への対応である。同じく，行政が提供する公共サービスでは不十分な内容への補完的役割も期待されているといえよう。次に，民間企業との関係においては，現状では収益の面であまり民間企業に魅力的とはいえないが，サービスの受益者にとっては，必要性や関心が高まっている分野への対応である。

ここで具体的に活動内容を見ると，たとえば，医療・社会福祉分野では，以前から手話（点字）による通訳（翻訳）サービスを行ってきたNPOやアルコール依存症患者の社会復帰を支援する活動を行ってきたNPOがあった。また，近年は民間企業も参入し始めたが，高齢者や障害者への介護サービスの提供や食事の宅配サービスなども行われている。さらに，比較的新しいものとしては，医療機関での医療ミスや診療報酬の不正請求についてチェックを行っているNPOや処方された薬の副作用について情報を提供しているところもある。

その他の分野では，自然保護を訴え，森林保全，自然動物の保護，河川の水質調査などを行って環境保全分野で活発に活動しているNPOの報告を目にしたこともあるだろう。さらに，その活動が国内だけにとどまらず，海外に及ぶものもある。発展途上国で教育や医療の援助を行っているNPO，自然災害や紛争および戦争の影響で難民となってしまった人たちを支援しているNPOの活動はたびたび報道され社会的にも広く知られている。

Ⅲ 資金調達

NPOはどのように資金調達を行っているのだろうか。ジョンズ・ホプキンス大学を中心とした国際比較プロジェクト（Comparative Nonprofit Sector Project：CNP）が研究を行っているので参考としたい。なお，ここで対象と

なったNPOとは，次の5項目をすべて満たした組織のことである。①利潤非配分，②非政府，③組織（法人格の有無は問わない），④自己統治，⑤ボランティア要素（寄付やボランティア労働に活動の一部を依存しているが，自発的に組織されたものであること）。この定義に従ってCNPがまとめたのが図表10-1である。

図表10-1　NPOの収入構造の国際比較

	会費・料金	公的補助	民間寄付
全体	48%	41%	11%
会費・料金中心型			
メキシコ	85%	9%	6%
アルゼンチン	73%	20%	7%
コロンビア	70%	15%	15%
ペルー	68%	19%	13%
オーストラリア	63%	31%	6%
フィンランド	58%	36%	6%
アメリカ	57%	30%	13%
スロヴァキア	55%	22%	23%
ハンガリー	55%	27%	18%
日本	52%	46%	2%
スペイン	49%	32%	19%
チェコ	47%	39%	14%
公的補助中心型			
アイルランド	16%	77%	7%
ベルギー	18%	77%	5%
ドイツ	32%	64%	3%
イスラエル	26%	64%	10%
オランダ	39%	59%	2%
フランス	35%	58%	7%
オーストリア	44%	50%	6%
イギリス	45%	47%	9%
ルーマニア	28%	45%	27%

（注）　日本は2000年の数値，それ以外は1995年の数値である。
　　　　データ：日本は『NPO白書2002』，それ以外はJohns Hopkins
　　　　Comparative Nonprofit Sector Projectによる。
（出所）　山内直人『NPOの時代』大阪大学出版会，8ページ。

1　事業収入

ここで「事業収入」とは，NPO が自らの非営利活動によって対価を得る「自主事業収入」と行政や民間からの委託事業によって対価を得る「委託事業収入」からなる（図表10－1：「NPO の収入構造の国際比較」の中では，「会費・料金」に分類されている）。

すでに明らかなように，NPO の Non-Profit（非営利）とは，対価の受取りを禁じるという意味ではない。わが国では，会費収入，補助金，助成金とならび，重要な資金調達源泉としての役割を果たしていることがわかる。

2　会　　費

NPO のメンバーが加入している組織に対し，定期的に支払う性質のものである。自主事業収入とならび NPO の財政を支えるうえで大きな役割を果たしている。したがって，NPO が安定して会費から資金を調達していくためには，当該組織の活動目的に共感する人々を多く迎え入れるための努力が必要である。

3　補助金および助成金

特定の活動を行うことによって経費が発生するが，この経費の一部を支援するのが補助金と助成金である。行政や助成団体，そして企業などからの支援があるが，こうした資金も NPO の収入の中で大きな割合を示している。図表10－1では「公的補助」の割合が載っているが，どこの国でもこのような支援がなければ，NPO は活動を継続することすら困難といわれている。

4　寄　付　金

NPO の活動目的に共感した個人や企業などから寄付の形で資金が流入することがある。資金の提供者は，当該 NPO に対して直接寄付を行う場合と，いったん財団などを通して，いわば迂回的な経路を経て資金提供をする場合がある。

5　特定非営利活動以外の事業による収入

これはこの後に詳述する特定非営利活動法人の場合である。当該NPO法人は，定款で記載した特定非営利活動に支障が出ない限り，定款で定めた以外の活動を行うことが許されている。ただし，収益が生じたときはこれを本来の特定非営利活動の資金に充てなければならず（特定非営利活動促進法第5条1項），また，この場合の会計上の処理も本来の活動と区分して計上することが定められている（同法第5条2項）。

Ⅳ　特定非営利活動促進法によるNPO法人

Ⅰの2では，NPOの分類を行ったが，そこで言及されなかった組織がある。特定非営利活動促進法によるNPOである。以下ではこの組織について，法律が制定されるまでの背景，組織の設立条件，そしてこの組織に関する近年のデータをみていく。なお，組織の存続には法人化の問題も避けて通れないテーマであるので，この問題についても言及している。

1　法律成立までの背景

特定非営利活動促進法（NPO法）は，1998（平成10）年3月19日に成立し，同年12月1日に施行された。第1条には，「特定非営利活動を行う団体に法人格を付与すること等により，ボランティア活動をはじめとする市民が行う自由な社会貢献活動としての特定非営利活動の健全な発展を促進し，もって公益の増進に寄与する」ことを目的とするとある。

はじめに述べたように，1995（平成7）年1月に発生した阪神・淡路大震災では，政府や既存のNPOに先がけて，ボランティア団体，市民活動団体が大きな力を発揮したが，これらの多くは，これまでの民法や各特別法のルールでは「法人格」をもつことができなかった。法人格の意義についてはこの後の議論となるが，このような状況を危惧する声が法制度の整備を行う気運を盛り上げることになり，議員立法による「特定非営利活動推進法」が成立した。

2　特定非営利活動法人の設立

　特定非営利活動促進法（以下，NPO法と略す）が定める要件を満たしてはじめて組織は所轄庁から設立の認証を受け，特定非営利活動法人（以下，NPO法人と略す）となる。以下にその要件を記す。

(1) NPO法人の設立目的

　ある組織がNPO法人として所轄庁から認証を受けるには，NPO法で規定する特定非営利活動に該当することが要件となる。同法第2条1項では，この特定非営利活動のことを「不特定かつ多数のものの利益の増進に寄与することを目的とするもの」と定義している。具体的活動分野としては，次の17項目（2002（平成14）年の改正によって12項目から17項目となった）があげられている。

　その活動分野とは，①保健，医療又は福祉の増進を図る活動，②社会教育の推進を図る活動，③まちづくりの推進を図る活動，④学術，文化，芸術又はスポーツの振興を図る活動，⑤環境の保全を図る活動，⑥災害救援活動，⑦地域安全活動，⑧人権の擁護又は平和の推進を図る活動，⑨国際協力の活動，⑩男女共同参画社会の形成の促進を図る活動，⑪子どもの健全育成を図る活動，⑫情報化社会の発展を図る活動，⑬科学技術の振興を図る活動，⑭経済活動の活性化を図る活動，⑮職業能力の開発又は雇用機会の拡充を支援する活動，⑯消費者の保護を図る活動，⑰前各号に掲げる活動を行う団体の運営又は活動に関する連絡，助言又は援助の活動，以上の17項目である。

(2) 設立条件

　さらに，このNPO法人は，次の条件もすべて満たすものでなければならない（NPO法第2条2項）。つまり，上記であげた目的については，①営利を目的としない団体であること。②社員（社員総会で議決権を行使できる者。従業員ではない）の資格の得喪に関して不当な条件を付さず，この役員については，③報酬を受ける役員の数が役員総数の3分の1以下であること。主たる活動が，④宗教活動や政治活動でなく，この政治活動については，⑤公職選挙法第3条に

規定する特定の公職の候補者，もしくは公職にある者または政党を推薦・支持したり，あるいはこれらに反対することを目的としないことである。この他にも，⑥暴力団でないこと，暴力団または暴力団員（構成員でなくなった日から5年を経過していない者）の統制下にある団体でないこと（同第12条1項3号），⑦10人以上の社員（社員の定義は上記②の通り）を有していること（同第12条1項4号），⑧役員として理事を3人以上，監事を1人以上置くこと（同第15条），また，設立後にも，⑨事業報告書，役員名簿及び定款等を事業年度ごとに1回所轄庁に提出すること（同第29条1項），⑩社員総会を年1回開催すること（同第30条，民法第60条），などが義務づけられている。

なお，所轄庁については，NPO法人の事務所の所在地が単数か複数かによって異なる。前者の場合は所在する都道府県の知事がその任にあたり，複数の都道府県に事務所が設置される場合は内閣総理大臣（内閣府）となる（NPO法第9条1項および2項）。

（3）法人化することの意義

NPO法の第1条に「法人格」を付与することが書かれていることについてはすでにみた通りであるが，この法人格の有無は組織運営の際に重要な要件となる。

それでは，法人格を取得していないことが組織の運営上，具体的にどのような問題点をもつのか，法人格をもつ組織と持たない組織を比較することで明らかにしたい。

わが国の制度で，権利能力の主体となり得るものに個人（＝「自然人」以下同じ）と法人がある。個人がその人の名前で財産を保有し，他者と契約を結ぶ権利能力を有するために特別な手続きを必要としないのに対し，法人については一定の手続きが必要となる。したがって，個人が何らかの目的をもって集まったとしても，必要な手続きがなされていなければ，これを法人と呼ぶことはできない。個人と同じような権利能力の主体とはなり得ないのである。これらは任意団体と呼ばれる。法人格をもつ法人とそれをもたない任意団体が存在する

のはこのためである。

　任意団体が，権利能力をもち，法人となるためには，上記のように法律による一定の手続きを経て，あたかもひとりの個人と同じようにみなされる必要がある。権利能力をもたなかった任意団体は，法人となってはじめて正式にその法人名で財産を保有し，他者と契約を結ぶことができる。個人と同じように権利能力の主体となったからである。

　それでは，この法人と任意団体の違いについて以下で具体例をあげて比較してみたい。ここでは，共通の目的をもった人々が集まって非営利活動を行っている場面を想定してみよう。はじめは小規模な任意団体として活動を行っていたが，幸いにも社会的需要に後押しされて活動が活発になり，組織の規模も大きくなってきたという想定である。これまでのスタッフでは人手が足りず，また，使っていた事務所も手ぜまになってしまったらどうなるであろう。

　まず，人手不足からこの任意団体は新しくスタッフを採用する必要が出てくるだろう。同時に，狭くなった事務所から引っ越すことも検討し始めるかもしれない。条件に見合う物件を探し出せたら，不動産会社と新しい事務所の賃貸契約を結ぶことになるだろう。場合によっては新しく土地や建物を購入するかもしれない。

　しかし，ここで一つ大きな問題に直面することになる。法人でないこの任意団体は，自分たちの団体名で新規採用した人たちや不動産会社と契約を結んだり，せっかく所有することになった土地や建物の登記ができないのである。このような場合，この任意団体は必要に応じて団体の代表者など権利能力を有する個人の名義で手続きを行うという方法に依存せざるを得ない。

　ところが，この方法では代表者個人の財産と任意団体の財産について，区別が非常に不明確になってしまう。また，この代表者が仮に亡くなった場合には，代表者の個人名義となっている任意団体の財産をどう扱えばよいのかという問題も発生してくる。

　これまで，これらの不都合が任意団体の運営に大きな負担となってきていた。法人格を持たない任意団体というものは，少なくともはじめからこれだけ

の問題を抱えているのであり，そこに今回のNPO法成立の意義があるのである。

Ⅴ　NPO法人に関するデータ

1　認証を受けた法人数

ここからはNPO法人に関する近年のデータをみていく。

なお，これらのデータは内閣府のホームページから検索可能であるので，更新データは当該サイトを参照されたい。

内閣府のデータによると，2006（平成18）年2月末現在，法人格を取得しているNPOは全国で累計2万5,682団体である（1998（平成10）年12月1日～2006（平成18）年2月28日）。

この数を都道府県別の認証数でみると，上位では，①東京都（4,750団体），②大阪府（1,965団体），③神奈川県（1,554団体），④千葉県（1,004団体），⑤北海道（989団体），⑥兵庫県（885団体），⑦埼玉県（855団体），⑧愛知県（815団体），⑨福岡県（809団体），⑩京都府（652団体）の順となる（図表10-2）。これは都道府県別人口数（平成17年国勢調査）の規模と結果がほぼ一致している[1]。

2　認証されたNPO法人の分野別割合

NPO法人の活動分野については，先にみた17分野をあげることができる。これを分野ごとの割合でみると（複数回答），①保健，医療又は福祉の増進を図る活動（56.9％），②社会教育の推進を図る活動（47.0％），③第1号から第16号に掲げる活動を行う団体の運営又は活動に関する連絡，助言又は援助の活動（44.7％）が上位を占める（図表10-3）。NPO法成立のきっかけとなったといわれる，災害救援活動の割合は6.6％であった。

ところで，各NPO法人が定款で記載している活動分野は一つとは限らない。むしろ，複数の分野を活動対象としているものの方が多い（図表10-4）。

今後はNPO法人に限らず，非営利組織の活動の場が広がり，その成果が社

第10章 非営利組織（NPO）の経営

会に還元されることを期待したい。

図表10－2　特定非営利活動促進法に基づく申請受理数および認証数，不認証数等
＜1998（平成10）年12月1日～2006（平成18）年2月28日累計＞

所轄庁名	受理数（累計）	認証数（累計）	不認証数（累計）	解散数（累計）	認証取消数（累計）	所轄庁名	受理数（累計）	認証数（累計）	不認証数（累計）	解散数（累計）	認証取消数（累計）
北海道	1,047	989	0	23	3	京都府	698	652	0	15	0
青森県	195	183	0	3	0	大阪府	2,105	1,965	1	49	2
岩手県	244	230	0	3	0	兵庫県	962	885	3	20	0
宮城県	420	385	0	11	0	奈良県	203	194	0	4	0
秋田県	126	124	0	5	0	和歌山県	209	196	0	1	0
山形県	213	201	0	1	0	鳥取県	107	101	0	1	0
福島県	332	309	1	4	0	島根県	136	132	0	0	0
茨城県	330	315	0	9	0	岡山県	314	284	1	18	4
栃木県	295	283	0	7	0	広島県	402	388	2	10	0
群馬県	454	428	1	17	0	山口県	242	227	0	7	2
埼玉県	901	855	0	14	2	徳島県	139	134	0	0	0
千葉県	1,046	1,004	0	21	1	香川県	154	147	2	1	0
東京都	5,108	4,750	110	122	0	愛媛県	203	189	0	4	0
神奈川県	1,675	1,554	0	41	6	高知県	173	160	0	5	0
新潟県	365	353	0	9	0	福岡県	866	809	1	39	7
富山県	159	144	0	2	0	佐賀県	180	171	0	6	0
石川県	196	181	0	2	0	長崎県	245	235	0	4	0
福井県	163	158	0	5	0	熊本県	318	304	2	6	0
山梨県	161	157	0	1	0	大分県	288	271	1	3	0
長野県	566	533	0	11	0	宮崎県	170	157	0	2	0
岐阜県	370	345	0	2	0	鹿児島県	284	267	0	2	0
静岡県	588	550	0	12	0	沖縄県	228	212	0	4	0
愛知県	877	815	0	19	0	都道府県計	25,141	23,578	126	568	30
三重県	394	373	1	14	3	内閣府	2,310	2,104	89	59	7
滋賀県	290	279	0	9	0	全国計	27,451	25,682	215	627	37

（注1）　定款変更による所轄庁の変更があった場合は，申請数，認証数共に新たな所轄庁の欄へ移動させている。また，解散の場合には申請数，認証数共に減算している。
（注2）　認証取消数（累計）は解散数（累計）の内数を示す。

図表10-3　特定非営利活動法人の活動分野について

<2005(平成17)年12月31日現在>定款に記載された特定非営利活動の種類（複数回答）

号数	活動の種類	法人数	割合(％)	(参考)H17.9月末比増加数
第1号	保健，医療又は福祉の増進を図る活動	14,092	56.9	678
第2号	社会教育の推進を図る活動	11,640	47.0	523
第3号	まちづくりの推進を図る活動	9,947	40.2	510
第4号	学術，文化，芸術又はスポーツの振興を図る活動	7,954	32.1	387
第5号	環境の保全を図る活動	7,144	28.8	329
第6号	災害救援活動	1,628	6.6	82
第7号	地域安全活動	2,313	9.3	141
第8号	人権の擁護又は平和の推進を図る活動	3,775	15.2	170
第9号	国際協力の活動	5,255	21.2	177
第10号	男女共同参画社会の形成の促進を図る活動	2,215	8.9	87
第11号	子どもの健全育成を図る活動	9,810	39.6	482
第12号	情報化社会の発展を図る活動	1,800	7.3	168
第13号	科学技術の振興を図る活動	890	3.6	79
第14号	経済活動の活性化を図る活動	2,428	9.8	256
第15号	職業能力の開発又は雇用機会の拡充を支援する活動	2,981	12.0	334
第16号	消費者の保護を図る活動	1,068	4.3	101
第17号	前各号に掲げる活動を行う団体の運営又は活動に関する連絡，助言又は援助の活動	11,069	44.7	570

（注1）　一つの法人が複数の活動分野の活動を行う場合があるため，合計は100％にならない。

（注2）　第12号から第16号までは，改正NPO法施行日（平成15年5月1日）以降に申請して認証された分のみが対象。

図表10-4　法人が定款に記載している分野の数

分野数	法人数	割合（％）	分野数	法人数	割合（％）
1個	4,161	16.8	10個	250	1.0
2個	4,470	18.1	11個	162	0.7
3個	4,564	18.4	12個	285	1.2
4個	3,722	15.0	13個	51	0.2
5個	2,756	11.1	14個	37	0.1
6個	1,787	7.2	15個	25	0.1
7個	1,197	4.8	16個	13	0.1
8個	702	2.8	17個	142	0.6
9個	439	1.8			

（注）　13個から17個までは，改正NPO法施行日（平成15年5月1日）以降に申請して認証された分のみが対象。
（出所）　図表10-2～4内閣府ホームページ。

注

1）　平成17年の国勢調査結果からは，人口の多い順に①東京都，②大阪府，③神奈川県，④愛知県，⑤埼玉県，⑥千葉県，⑦北海道，⑧兵庫県，⑨福岡県，⑩静岡県となっている。認証数で第10番目の京都府については人口数で第13番目とやはり上位であった。

参考文献

・山内直人『NPOの時代』大阪大学出版会，2002年。
・山内直人『NPO入門＜第2版＞』日本経済新聞社，2004年。
・内閣府ホームページ

（磯　伸彦）

索　引

〔欧文〕

BS規格 …………………………171
CAD …………………………104
CAM …………………………104
CEO ………………………115, 118
DP ……………………………95
EMAS …………………………171
ESAP …………………………170
EUC ……………………………98
ICCガイド ……………………170
ICC憲章 ………………………170
ISO14001環境管理システム ……173
MBO ………………………116, 118
MIS ……………………………97
NPO …………………………177
OECD原則 ……………………124
ROA（総資産収益率） …………89
ROI（投下資本利益率） ………57
SBU ……………………………58
SIS ……………………………99
UNEP（国連環境計画） ………161

〔あ〕

アカウンタビリティ ……………48
アジェンダ21 …………………167
アントレプレナーシップ ……144-147, 149, 152, 154

〔い〕

委員会設置会社 ……………112-113
意思決定権 ……………………48
一体感 …………………………75
一方通行型経済社会 …………175
イノベーション ……144-147, 151, 154-156

〔う〕

請負制度 ………………………129

〔え〕

営業譲渡 ………………………83
衛生要因 ………………………72
エクセレント・カンパニー ……35

〔お〕

オーナー経営者 ………………122
汚染者負担の原則 ……………175

〔か〕

会計参与設置会社 ……………112
会社法 …………………………111
外的報酬 ………………………74
外部均衡 ………………………6
外部成長方式 …………………81
外部不経済 ……………………166
カオス …………………………36
科学的管理法 …………………6
限られた合理性 ………………19
革新基準 ………………………33

拡大生産者責任……………………175
価値前提………………………… 19
価値連鎖………………………… 27
合併・買収……………………… 81
株式取得………………………… 83
株主行動主義……………………124
株主総会…………………………121
環境管理システム………………171
環境基本法………………………168
環境行動計画
　（ボランタリープラン）………172
環境志向型製品…………………175
環境と開発に関する国連会議…163
環境と開発に関する世界委員会…162
韓国財閥…………………………122
監査委員会………………… 114,138
監査委員会制度…………………123
監査役……………………………121
監査役会設置会社………………112
管理階層………………………… 4
管理過程………………………… 4
管理過程学派…………………… 4
管理権限………………………… 44
管理の幅の限界………………… 40

〔き〕

機械的組織……………………… 60
機械的人間モデル……………… 8
機会費用………………………… 94
企業価値向上…………………… 88
企業行動………………………… 90
企業支配構造……………………123

起業のプロセス………………150-151
議決権……………………………124
機能戦略………………………… 24
基本構造形成活動……………… 16
キャッシュフロー……………… 57
吸収合併……………………… 83,87
競争戦略………………………… 27
協働体系………………………… 5
業務執行権……………………… 53
極大化基準……………………… 19

〔け〕

経営委員会……………………… 52
経営資源………………………… 85
経営自主権………………………130
経営戦略………………………… 24
経営戦略委員会…………………138
経営の効率化…………………… 82
計画経済期………………………128
経済人モデル…………………… 8
経常的業務……………………… 16
経団連地球環境憲章……………172
決定機関………………………… 52
決定前提………………………… 19
権限……………………………… 43
権限の委譲……………………… 48
現世代間公平……………………164

〔こ〕

コア・コンピタンス…………… 35
公開会社…………………………116
公害対策基本法…………………168
後継者問題……………………… 82

索　引

貢献	5
公司化	129
公式組織	9
工場長請負制度	129
高次欲求	71
公正取引委員会	86
行動二元論	64
効率	6
コーポレート・ガバナンス	111
国際 M&A	85
国内 M&A	85
国有企業有限責任会社	131
国有資産監督管理委員会	133
国有独資会社	131
国連環境計画（UNEP）	161
国連人間環境会議	160
コスト関連業務	17
コストリーダーシップ	27
ゴミ箱処理モデル	21
コミュニケーション	93
コミュニケーション費用	101, 103
コングロマリット・グループ	120
コンピュータグラフィック技術	104

〔さ〕

最高意思決定機関	120
最適化基準	19
差異分析	77
差別化	27

〔し〕

事業再構築（リストラクチャリング）	81
事業再編（選択と集中）	86

事業（部）戦略	24
事業多角化（総合化）	86
事業の選択と集中	89
事業本部制	57
自己完結型組織	56
事後監査	139
自己組織化	36
仕事志向型行動	64
資産取得	84
事実上の取締役	125
事実前提	19
資質論	64
市場拡大戦略	25
市場浸透戦略	25
事前監査	139
持続可能な開発	162-163
持続的開発のための産業界憲章（ロッテルダム憲章）	170
実施権	48
シナジー効果	26
支配株主	122
指名委員会	114, 138
諮問機関	52
社員総会	131
社外監査役	113
社会的責任投資の原則（バリディーズ原則）	169
社会的費用の内部化	167
社外取締役	113, 115
社外取締役制度	123
収益関連業務	17

193

収益的業務活動	16	職務	43
従業員代表大会	131	職務拡大	72
集団擬集力	75	職務充実	72
集団思考症候群	76	職務体系	43
集中化	27	所有経営者主義	120
集中的所有	136	新規追加業務	16
主観的期待	73	新製品開発戦略	25
主要活動	92	新設合併	83, 87
循環型社会	167	シンボリック・マネージャー	76
状況好意性	65	〔す〕	
状況要因	65	垂直的 M&A	84
状況理論	65	水平的 M&A	84
上場企業における独立取締役制度の確立に関する指導意見	135	スタッフ	51
上場企業のコーポレート・ガバナンスの原則	135	ストックホルム宣言	161
		〔せ〕	
少数株主	122	性悪説	72
情報	92	成熟度	66
情報化投資	101	性善説	72
情報機器	91	成長戦略	25, 86
情報技術	95	成長の限界	160
情報交換	93	製品別事業部制	57
情報収集	95	責任	43
情報処理部門	101	責任の明確化	50
情報通信戦略	106	是正措置	77
情報の非対称性	103	世代間公平	164
常務会	52	セリーズ原則	170
職位	43	選択と集中	23
職能専門化の原則	40	戦略的な意思決定	83
職能的分権制	55	〔そ〕	
職能別事業部制	57	総公司	130
		総資産収益率(ROA)	89

索　引

相乗効果……………………… 85
組織均衡論…………………… 6
組織行動論…………………… 10
組織−市場の適合モデル……… 61
組織忠誠心…………………… 75
組織風土……………………… 76
損益分岐点…………………… 17

〔た〕

大会社………………………116
対境関係形成活動…………… 16
第二の創業…………………156
多角化戦略…………………… 26
多角的 M&A ………………… 84
脱成熟化……………………… 33
短期計画……………………… 17

〔ち〕

地球環境問題………………160
中国証監会…………………137
中立的 M&A ………………… 84
長期計画……………………… 17
調和型社会…………………167
調和理念……………………167

〔て〕

提携…………………………… 82
低次欲求……………………… 71
データベース………………104
データベース化……………100
敵対的 M&A ………………… 84
デュー・ディリジェンス
　（買収案件の精査）………… 89

〔と〕

党委員会……………………128
投下資本利益率（ROI）……… 57
動機づけ要因………………… 72
投資ファンド………………… 86
統制機能……………………… 76
独占禁止法…………………… 86
特定非営利活動促進法………182
独立（社外）取締役……… 131,137
独立起業家………………143,145-146
突出集団……………………… 37
取締役会………………… 112,117,121
取締役会設置会社……………112
取引費用………………… 102,105

〔な〕

内的報酬……………………… 74
内部均衡……………………… 6
内部成長方式………………… 81

〔に〕

二重監督……………………133
人間環境宣言………………160
人間志向型行動……………… 65
認知論的プロセス…………… 74

〔ね〕

ネットワーク………………100

〔の〕

能率…………………………… 6

〔は〕

売却…………………………… 82
買収案件の精査
　（デュー・ディリジェンス）……… 89

パラダイム転換論……………… 36

〔ひ〕

非営利…………………………177
非公式組織……………………… 8
非合理的決定の理論モデル…… 22
標準…………………………… 77
費用対効果………………… 96,101
非流通株式……………………135

〔ふ〕

不確実性……………………… 19
ブルントラント委員会…………162
プロフィットセンター………… 56
分析的戦略論………………… 34

〔へ〕

変革的リーダーシップ………… 68
変革の連鎖反応……………… 37

〔ほ〕

包括的な決定権……………… 53
報酬委員会………………114,138
法人格…………………………184
ホーソン実験…………………… 8
ポートフォリオ………………… 33
補助活動……………………… 92
ボトム・アップ……………… 54

〔ま〕

満足化基準…………………… 19

〔め〕

命令の一元化………………… 50

〔も〕

目的－手段の連鎖……………… 15
モラール………………………… 9

〔ゆ〕

有意性………………………… 73
誘因…………………………… 5
有機的組織…………………… 60
友好的M&A…………………… 84
ゆさぶり……………………… 36
ゆらぎ………………………… 36

〔よ〕

欲求階層説…………………… 71
欲求二元論…………………… 71
予防原則………………………175

〔ら〕

ライン………………………… 51

〔り〕

利益計画……………………… 17
リオ宣言………………………167
リストラクチャリング(事業再構築)… 81
稟議制度……………………… 54

〔る〕

累積生産量…………………… 31

〔れ〕

連邦的分権制………………… 55
連絡会議……………………… 52

〔わ〕

我ら共有の未来………………162

執筆者紹介

石山（いしやま）	伍夫（いつお）	日本大学名誉教授	第1章～第4章，9章
黄（ホァン）	八洙（パルス）	前城西大学非常勤講師	第5章
高垣（たかがき）	行男（ゆきお）	駿河台大学教授，学術博士（東京大学）	第6章
新川（しんかわ）	本（もと）	長崎県立大学講師	第7章
金（キム）	在淑（チェスク）	地域開発研究所客員研究員，経済学博士（日本大学）	第7章
金（キン）	海敬（カイケイ）	経営行動研究所客員研究員	第7章
白（ハク）	濤（トウ）	経営行動研究所客員研究員，経済学博士（日本大学）	第7章
山田（やまだ）	仁志（ひとし）	淑徳大学講師	第8章
磯（いそ）	伸彦（のぶひこ）	国際医療福祉大学助手	第10章

編著者紹介

石山　伍夫

昭和38年早稲田大学大学院商学研究科修了
日本大学経済学部助教授，教授を経て現在日本大学名誉教授
「資本の管理」，「簿記」，「現代経営史」（共著），「現代経営管理論」（共著），「現代企業の経営行動」（共著），「現代経営環境論」（共著），「環境問題と経営学」（共著）などの共・著書のほか，環境経営に関する論文を中心に学会誌その他の学術誌に多数発表している。

編著者との契約により検印省略

平成18年7月15日　初版発行

経営入門

編 著 者	石　山　伍　夫
発 行 者	大　坪　嘉　春
整 版 所	松澤印刷株式会社
印 刷 所	税経印刷株式会社
製 本 所	株式会社 三森製本所

発行所　東京都新宿区下落合2丁目5番13号　株式会社　税務経理協会
郵便番号 161-0033　振替 00190-2-187408　電話 (03) 3953-3301（編集部）
FAX (03) 3565-3391　　　　　　　　　　　　(03) 3953-3325（営業部）
URL http://www.zeikei.co.jp
乱丁・落丁の場合はお取替えいたします。

© 石山伍夫　2006

本書の内容の一部又は全部を無断で複写複製（コピー）することは，法律で認められた場合を除き，著者及び出版社の権利侵害となりますので，コピーの必要がある場合は，予め当社あて許諾を求めて下さい。

Printed in Japan

ISBN 4-419-04728-3　C1034